DIE 44 SCHÖNSTEN KINDERWAGEN-WANDERUNGEN

EIN PRODUKT VON

Impressum

1. Auflage April 2020, Rothus Medien AG, Solothurn, www.rothus.ch

Titelbild: Familie auf dem Märchenweg Marguns-Celerina,
© Engadin St. Moritz, Andrea Badrutt
Tourenfotos: Astrid Bucher, Jochen Ihle, Toni Kaiser, Stefanie Pargätzi
Texte: Jochen Ihle, Toni Kaiser
Redaktion: Wandermagazin SCHWEIZ, www.wandermagazin-schweiz.ch
Konzept und Layout: Rothus Medien AG, Solothurn; Druck: Media Impression, Schönbühl

ISBN 978-3-03865-050-8

ABGEFAHREN

Ein Kind verändert Ihr Leben. Und ein Kinderwagen gehört plötzlich zur Standardausrüstung. Denn Kinder brauchen frische Luft, und das am besten täglich. Doch wohin den Kinderwagen schieben, wenn man die nähere Umgebung schon in- und auswendig kennt? Wo Sie sich als junge Familie auf kinderwagengängigen Wegen sicher bewegen können, steht in diesem Kinderwagen-Wanderbuch.

Wir, die Redaktoren des Wandermagazin SCHWEIZ, sind das ganze Jahr über draussen unterwegs. Auf unseren Familienseiten präsentieren wir laufend Tipps und Ideen für packende, spannende und kurzweilige Entdeckungstouren mit Kindern in der ganzen Schweiz. Motto: Langeweile? – Nicht mit uns! Das gilt auch für dieses Wanderbuch, mit dem wir Ihnen viel Vergnügen und erholsame Wanderungen wünschen.

Jochen Ihle

Toni Kaiser

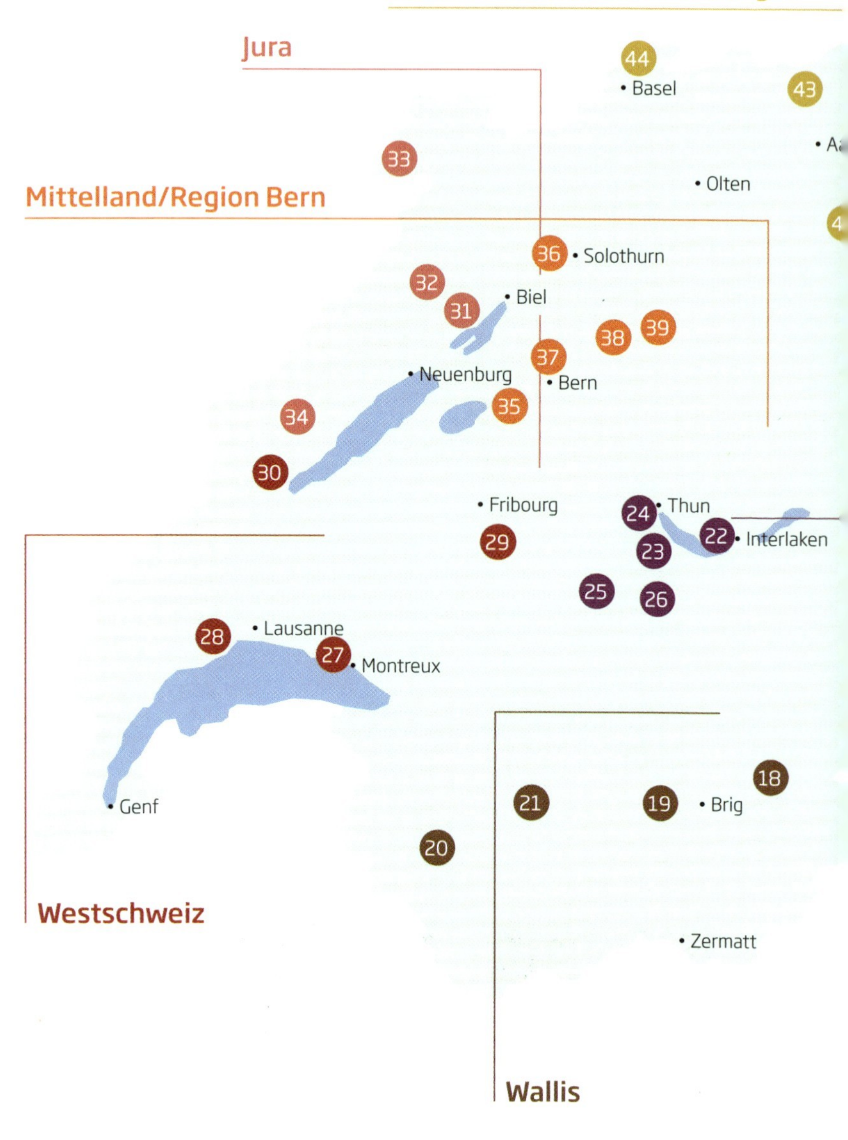

Nordwestschweiz/Basel/Aargau
Jura
Mittelland/Region Bern
Westschweiz
Wallis
44
Basel
43
33
Olten
36
Solothurn
32
31
Biel
38
39
37
Neuenburg
Bern
34
35
30
Fribourg
24
Thun
22
Interlaken
29
23
25
26
28
Lausanne
27
Montreux
Genf
18
21
19
Brig
20
Zermatt

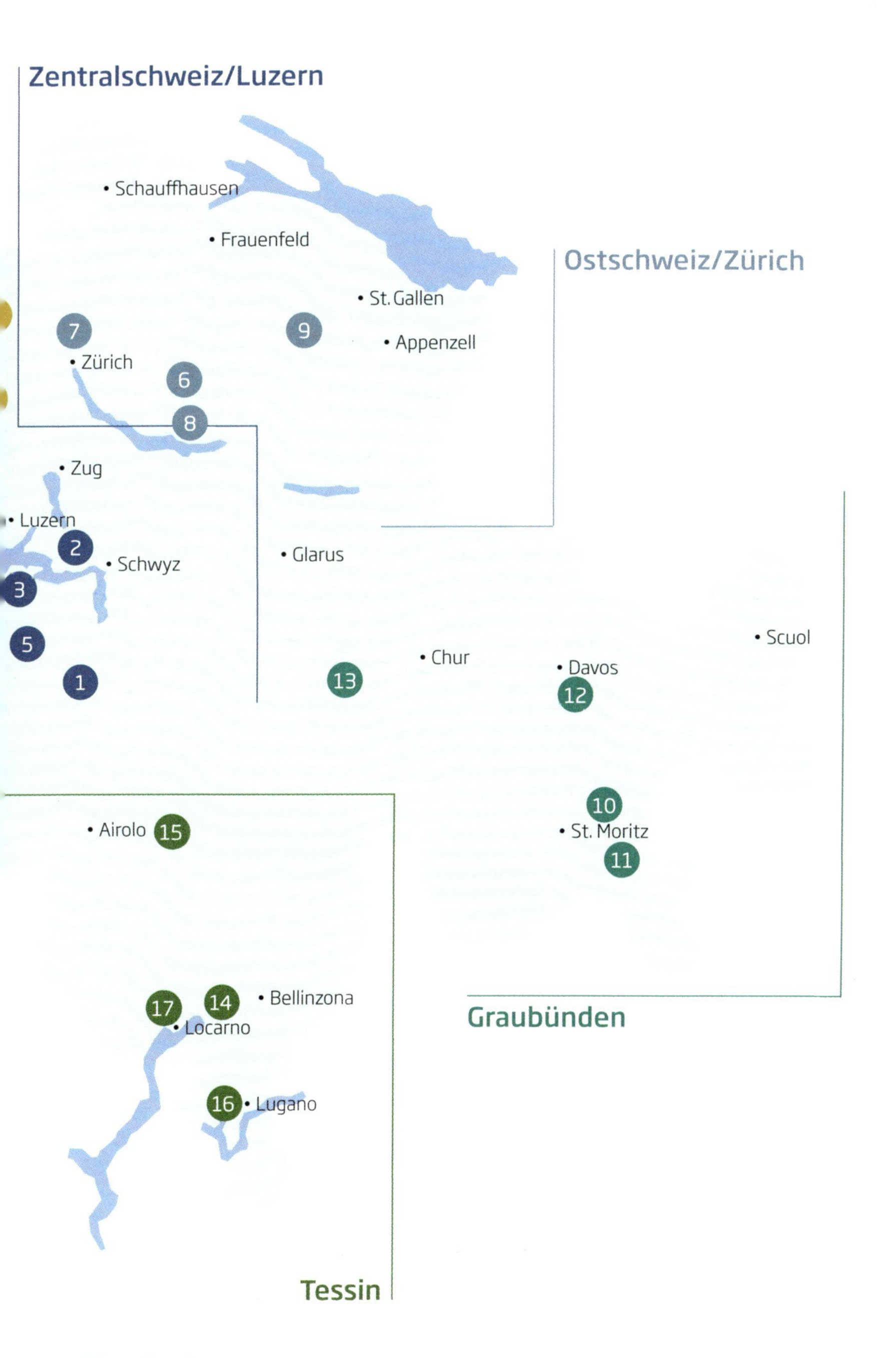

erner Oberland

INHALT

Westschweiz

Jura

Mittelland/Region Bern

Nordwestschweiz/Basel/Aargau

SYMBOLE

Aussicht Wanderungen auf Gipfel oder Bergkuppen, von denen aus eine Rundsicht auf die umliegende Landschaft möglich ist.

Wasser Diese Wanderungen führen zu Seen, Flüssen und Wasserfällen und laden oftmals auch zum Baden ein.

Bergbahn In diesen Touren sind Fahrten mit Sessel-, Gondel- oder Zahnradbahnen integriert oder können mit diesen verkürzt werden.

Familienfreundlich Diese Wanderungen sind kurz, weisen keine Schwierigkeiten auf und sind somit auch für Kinder geeignet.

Museum Wanderungen, die mit dem Besuch eines Museums oder eines Infozentrums verbunden werden können.

Einkehrmöglichkeit Hier gibt es nicht nur am Start und am Ziel, sondern auch während der Tour Gelegenheiten zum Einkehren.

Historische Bauten Diese Wanderungen führen an Burgen, Schlössern, Ruinen oder an sonstigen historischen Bauten vorbei.

Um die **Schwierigkeit** einer Wanderung einschätzen zu können, ist die Wanderskala des Schweizer Alpen-Club SAC gebräuchlich. Diese reicht von T1–T6, in diesem Buch finden sich Wanderungen bis T3.

T1 Wandern Einfaches Gelände, durchgehend gelb markierter Wanderweg, keine Absturzgefahr, Orientierung problemlos.

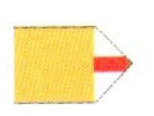

T2 Bergwandern Weiss-rot-weiss markierter Wanderweg vorhanden, Gelände teils steil und Absturzgefahr nicht ausgeschlossen, Tour erfordert etwas Trittsicherheit und Orientierung.

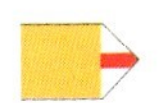

T3 Anspruchsvolles Bergwandern Weiss-rot-weiss markierter Wanderweg nicht immer durchgehend vorhanden, exponierte Stellen mit Absturzgefahr möglich, teils mit Ketten und Tritthilfen gesichert, Tour erfordert Trittsicherheit und Orientierung.

Mit der **Zeit** ist immer die reine Wanderzeit ohne Pausen und Anreise gemeint. Die **Höhendifferenz** ist die Summe der Höhenmeter, die jeweils im Auf- und im Abstieg zu bewältigen ist. Für Wanderungen mit der **Familie** gehen wir von ein oder beiden Elternteilen mit durchschnittlich zwei Kindern im Alter von 8 bis 12 Jahren aus. Die vorgeschlagenen Touren sind wo immer möglich an den **öffentlichen Verkehr** angeschlossen.

IDYLLE HOCH ÜBER DEM REUSSTAL

Intschi Rund um den Arnisee

Natur

Kultur

Familie

Kondition

↑ 17 m ↓ 17 m → 1.3 km ½ h ▶ T1

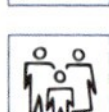

Dieser familienfreundliche Spazierweg rund um den Arnisee ist kinderwagengängig. Von Amsteg und von Intschi schweben zwei Seilbahnen hinauf zum beliebten Ausflugsziel im Urnerland. Der Arnisee ist künstlich aufgestaut, seine Wasser werden durch Druckleitungen dem Kraftwerk in Amsteg zugeführt und zur Stromgewinnung genutzt. Mächtige Staumauern sucht man jedoch vergeblich, die Technik ist gut versteckt, der Arnisee strahlt natürlichen Charakter aus. Von der Bergstation der Seilbahn Intschi-Arnisee sind es nur wenige Minuten bis ans Seeufer. Die senioren- und kinderfreundliche Spazierrunde um den See auf dem Uferweg dauert gerade mal eine halbe Stunde. Danach können Familien hier einen unbeschwerten Tag verbringen: Es hat Feuerstellen und Picknickplätze, und im Sommer kann man baden.
Wer sich etwas mehr die Beine vertreten möchte: Den Aussichtspunkt Vorder Arni mit Blick über das Reusstal erreicht man zu Fuss nach etwa 20 Minuten ab der Bergstation Amsteg-Arnisee (und in etwa 35 Minuten ab Bergstation Intschi-Arnisee). Das «Chänzeli» liegt etwa fünf Minuten vom Arnisee entfernt, etwas ausgesetzt auf einem Felsvorsprung mit Sitzbank, und bietet einen schönen Weitblick ins Urner Oberland und ins Maderanertal.

Tipp | Neben dem Berggasthaus Alpenblick und oberhalb der Bergstation der Luftseilbahn Intschi-Arnisee befindet sich der Spielplatz Arni. Ein ruhiger Platz zum Verweilen und Innehalten ist die Kapelle im Wald nahe dem See, im Sommer finden dort auch Gottesdienste statt.

Gepflegte Spazierwege führen rund um den Arnisee.

OBEN Mit dem Kinderwagen am Arnisee. **UNTEN** Auch mal ohne Kinderwagen.

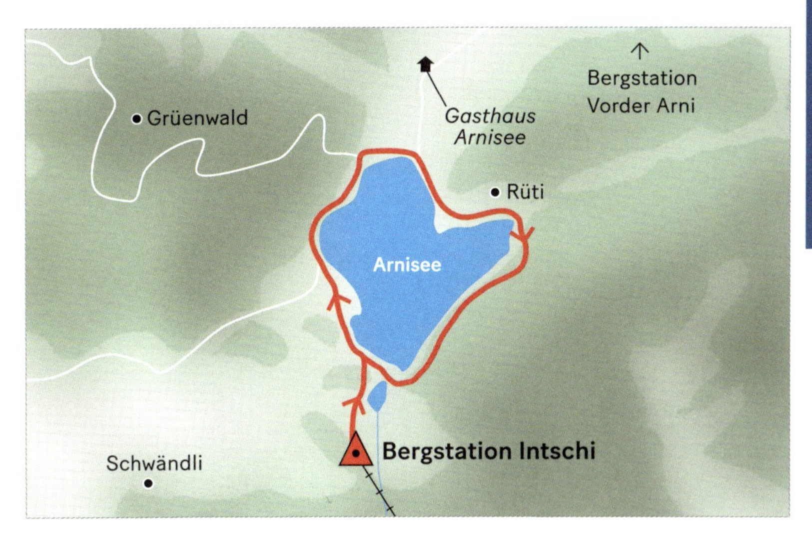

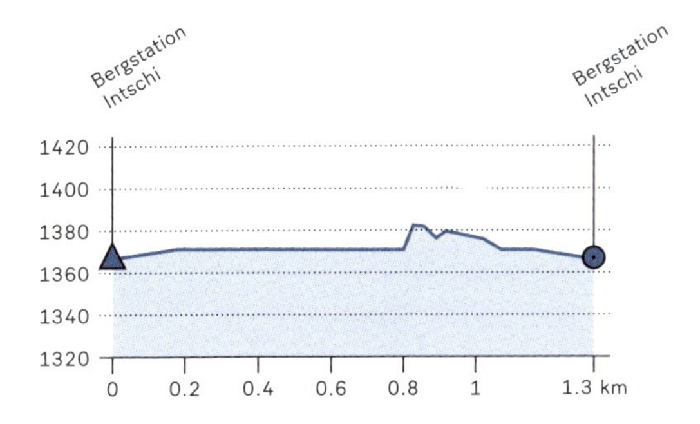

START/ZIEL Bergstation Intschi.

CHARAKTERISTIK Einfache See-Rundwanderung auf markiertem Wanderweg. Für alle Kinderwagentypen geeignet. Spielplätze, Picknick- und Grillstellen rund um den Arnisee.

AN-/RÜCKREISE Mit dem Zug nach Erstfeld, weiter mit Bus entweder zur Talstation Intschi-Arnisee oder zur Talstation Amsteg-Arnisee und mit den Seilbahnen hinauf zum Arnisee.

ROUTE Bergstation Intschi (1360 m) – rund um den Arnisee (1370 m) – Bergstation Intschi.

AUSRÜSTUNG Leichte Wanderausrüstung, Sonnenschutz.

EINKEHREN Berggasthaus Alpenblick, *berggasthaus-alpenblick.ch*; Gasthaus Arnisee, *arnisee.ch*.

WANDERKARTEN LK 1:50 000, 246T Klausenpass, 256T Disentis.

INFOS *arnisee.ch; uri.swiss.*

KÖNIGIN DER BERGE

Rigi First *Panoramaweg nach Rigi Scheidegg*

Natur	Kultur	Familie	Kondition
■■■■□□	■■■■□□	■■■■■■	■■■□□□

↑ 215 m ↓ 51 m → 6.9 km ⏲ 2 h ▶ T1

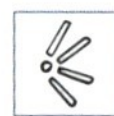

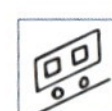
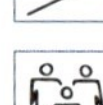
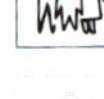

Die Rigi mit ihren grossartigen Rundumsichten auf die Alpenkette und den Schwyzer Talkessel ist gut mit Bahnen erschlossen. Dieser Wanderweg liegt auf dem Trassee der ehemaligen Eisenbahn – von 1874 bis 1931 – zwischen Kaltbad und Rigi Scheidegg. Gemütliche Bergwirtschaften und Picknickplätze laden zum Verweilen ein. Von Scheidegg geht es per Luftseilbahn via Kräbel zurück nach Goldau.
Auf der abwechslungsreichen Panoramaroute sind viele Zeugen der einstigen Bahn zu entdecken. So führt die Route über alte Eisenbahnbrücken und durch einen Tunnel. Auch ein ausgedienter Personenwagen, der heute als Ferienhaus dient, eine Wassertankstelle für die Dampfloks sowie einige Kilometer-Täfelchen sind anzutreffen.
Für den perfekten Familientag wartet die Rigi auch mit Spielplätzen und Feuerstellen auf. Ein Naturspielplatz liegt unweit des Dorfplatzes von Rigi Kaltbad entfernt. Weitere Spielplätze gibt es auf Rigi Scheidegg und Rigi Burggeist. Grundsätzlich befördern die Zahnradbahnen ab Goldau und Vitznau Personen barrierefrei auf die Rigi. Einige Stationen auf dem Berg hingegen sind nicht ganz hindernisfrei. Damit man weiss, wo man mit Rollstuhl, Gehhilfen oder Kinderwagen am besten ein und aussteigt, sind die Haltestellen und deren Barrierefreiheit auf der Homepage *rigi.ch* aufgelistet. Dort findet man ebenfalls eine Liste aller Feuerstellen.
Wer noch Zeit hat, fährt hinauf nach Rigi Kulm (1797 m). Vom höchsten Gipfel der Rigi schweift der Blick über Seen und ein beinahe endloses Gipfelmeer. Und wer im Rigi Kulm-Hotel übernachtet, hat die Chance, einen farbenprächtigen Sonnenaufgang und/oder einen Sonnenuntergang zu erleben. Jetzt weiss man, warum die Rigi «Königin der Berge» genannt wird.

Tipp | Im Juli und August fahren Kinder unter 16 Jahren auf sieben der neun Bergbahnen an der Rigi in Begleitung einer erwachsenen Person kostenlos. Eine Liste mit kinderfreundlichen Wanderungen steht auf *rigi.ch* zur Verfügung.

Ausblick von der Rigi auf den Zugersee.

OBEN Viele Feuerstellen auf der Rigi. **UNTEN** Gepflegter Rigi-Panoramaweg.

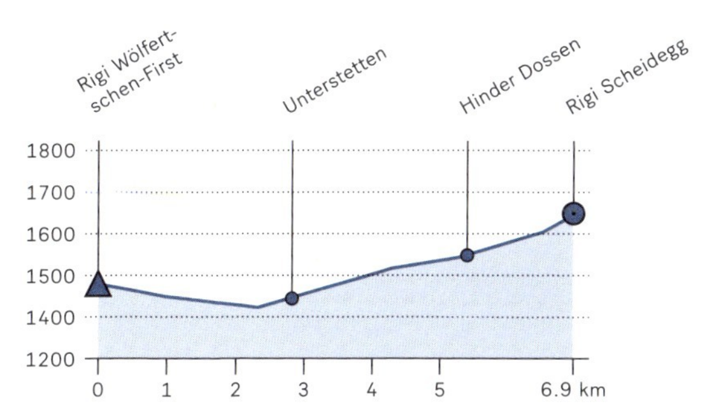

START Rigi First.

ZIEL Rigi Scheidegg.

CHARAKTERISTIK Panoramawanderung auf markierten Wegen. Gelbe Wegweiser; zusätzlich Wegweiser mit grünem Quadrat und der Routennummer 848 «Rigi-Panoramaweg» (barrierefrei). Schwierigkeit: T1. Auf den letzten 300 Metern Steigung von etwa 14 Prozent. Für alle Kinderwagentypen geeignet.

ANREISE Von Arth-Goldau zur Station der Rigibahn und mit ihr hinauf zur Haltestelle Rigi Wölfertschen-First.

RÜCKREISE Mit der Luftseilbahn von Rigi Scheidegg nach Kräbel. Von da mit Rigibahn nach Arth-Goldau und zum Bahnhof Arth-Goldau.

ROUTE Rigi Wölfertschen-First – Unterstetten – Hinder Dossen – Rigi Scheidegg.

AUSRÜSTUNG Normale Wanderausrüstung, Sonnenschutz.

EINKEHREN Restaurant Bärenstube; Alpwirtschaft Schild; Berggasthaus Rigi-Scheidegg.

WANDERKARTE LK 1:50 000, 235T Rotkreuz.

INFOS *rigi.ch; luzern.com.*

ÜBER DEM VIERWALDSTÄTTERSEE

Bürgenstock *Gemütlich zur Villa Honegg*

Natur

Kultur

Familie

Kondition

47 m | 47 m | 3.8 km |  1 h |  T1

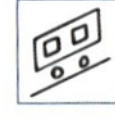

Der Bürgenstock ist neben seiner fantastischen Aussicht und dem neuen Bürgenstock Resort vor allem durch die Pioniertaten im Tourismus bekannt. 1873 entstand das «Grand Hotel», 1905 das «Palace Hotel». 1887/88 wurde die Bürgenstockbahn errichtet, in den Jahren 1900 bis 1905 der Felsenweg ins Gestein gemeisselt und der Hammetschwandlift realisiert. Der Bürgenstock zog auch stets viele Prominente an: Filmstars wie Audrey Hepburn, Sophia Loren, Charlie Chaplin und Sean Connery, Politiker wie Konrad Adenauer, Jimmy Carter, Jawaharlal Nehru und Indira Gandhi.

Diese barrierefreie Wanderung führt von der Bergstation der Standseilbahn hinüber zur Villa Honegg. Sowohl zu Beginn beim Bürgenstock Resort wie auch am Ziel bei der Villa Honegg geniesst man eine herrliche Aussicht auf den Vierwaldstättersee. Und auch auf dem mehrheitlich flachen Weg, der sich durch lichte Waldpartien, über Wiesen und an Felsblöcken vorbei schlängelt, werden immer wieder schöne Blicke auf die Zentralschweizer Berge frei. Zurück geht es auf demselben Weg.

Eine Variante zu dieser sehr einfachen Wanderung ist der bekannte Felsenweg. Diese ist jedoch nicht immer möglich. In den letzten Jahren musste der Felsenweg mehrmals wegen Felsstürzen und Steinschlägen gesperrt werden. Ist er jedoch geöffnet, wird der Pfad zur tollen Schautour mit schönen Tiefblicken zum Vierwaldstättersee und hinüber zur Rigi. Ungefähr nach Hälfte der Strecke erreicht man den Hammetschwandlift, eine der kühnsten touristischen Anlagen der «Belle Epoque». Mit ihm fährt man auf die Hammetschwand, wo sich auch ein Bergrestaurant befindet. Für den Rückweg fährt man mit dem Hammetschwandlift wieder zum Felsenweg hinab und spaziert auf diesem zurück zum Bürgenstock Resort und zur Standseilbahn.

Tipp | Wer den Felsenweg begehen und mit dem Hammetschwandlift fahren möchte, sollte sich vor der geplanten Wanderung unbedingt über die aktuellen Verhältnisse am Felsenweg und die Betriebszeiten des Lifts erkundigen.

An Wiesen entlang zur Villa Honegg.

OBEN Felsenweg am Bürgenstock. **UNTEN** Hammetschwandlift.

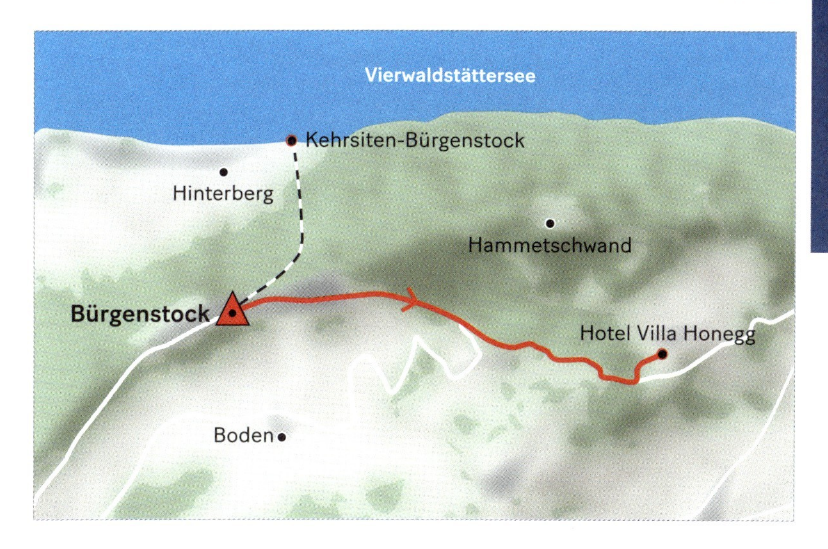

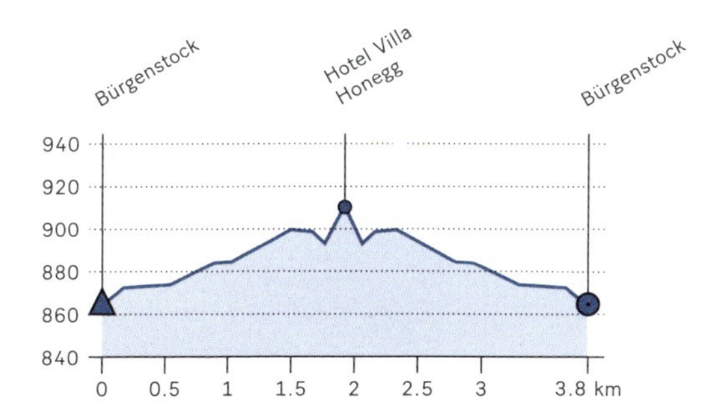

START/ZIEL Bergstation Standseilbahn Kehrsiten-Bürgenstock.

CHARAKTERISTIK Einfache Wanderung auf markierten Wegen. Gelbe Wegweiser; zusätzlich Wegweiser mit grünem Quadrat und der Routennummer 561 «Bürgenstock-Weg» (barrierefrei). Für alle Kinderwagentypen geeignet. Der Felsenweg ist nicht geeignet für Kleinkinder, die gerade das Laufen entdecken. Grössere Kinder müssen an die Hand genommen werden.

AN-/RÜCKREISE Mit Zug nach Luzern, weiter mit Schiff nach Kehrsiten, von dort mit Standseilbahn auf den Bürgenstock. Oder mit dem Zug bis Stansstad und weiter mit dem Bus auf den Bürgenstock.

ROUTE Bürgenstock Resort bzw. Bergstation Standseilbahn Kehrsiten-Bürgenstock (860 m) – Taverna (860 m) – Bürgenstock-Weg – Hotel Villa Honegg – Bürgenstock Resort / Bergstation Standseilbahn.

AUSRÜSTUNG Leichte Wanderausrüstung, Sonnenschutz.

EINKEHREN Bürgenstock-Hotels, *buergenstock.ch*; Villa Honegg, *villa-honegg.ch*.

WANDERKARTEN LK 1:50 000, 235T Rotkreuz, 245T Stans.

INFOS *nidwalden.com; luzern.com; lakelucerne.ch.*

IMMER SCHÖN MOBIL BLEIBEN

Luzern *Am See entlang zum Verkehrshaus*

Natur **Kultur** **Familie**

Kondition

↑ 5 m **↓ 5 m** **→ 3.9 km** **2 h**

T1

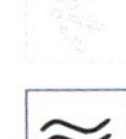

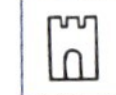

Ein Stadtrundgang durch Luzern beginnt unweigerlich bei der Kapellbrücke. Sie ist, zusammen mit dem Wasserturm, das Wahrzeichen der Stadt und befindet sich nur wenige Schritte vom Bahnhof entfernt. Bei der Kapellbrücke handelt es sich um die älteste, überdachte Holzbrücke Europas. Im Giebel der Brücke befindet sich ein Bilderzyklus, der Szenen aus der Schweizer Geschichte darstellt. Der trutzige, achteckige Wasserturm diente früher als Archiv, Schatzkammer und Gefängnis. Neben der Kapellbrücke prägt auch die Spreuerbrücke das Stadtbild. Über ihren Brückenrand wurde einst das Spreu der nahen Stadtmühlen in die Reuss geschüttet – daher ihr Name. Beide Brücken wurden jedoch nicht nur als Fussgängerstege errichtet, sondern waren Teile der mittelalterlichen Stadtbefestigung. Zu dieser gehörte auch die Museggmauer mit ihren neun Türmen.

Zum Verkehrshaus bummelt man gemütlich am Ufer des Vierwaldstättersees entlang. Das Verkehrshaus, am 1. Juli 1959 eröffnet, ist das meistbesuchte Museum der Schweiz. Viele interaktive Attraktionen erwecken die Themenbereiche Strasse, Schiene, Wasser, Luft und Weltall zum Leben. Der grosse Freiluftbereich mit Wasserbecken und zahlreichen Spielmöglichkeiten lädt bei jedem Wetter zum Verweilen ein. Im Verkehrsgarten erfahren junge Besucher zwischen 3 und 12 Jahren auf Tret-Carts, wie die Verkehrsregeln funktionieren. Ein Besuch im Filmtheater und im Planetarium wird für Kinder ab 6 Jahren empfohlen. Das Museum und das Swiss Chocolate Adventure sind auch für jüngere Kinder geeignet. Museum, Planetarium, Filmtheater und Swiss Chocolate Adventure sind rollstuhlgängig.

Tipp | Das Verkehrshaus ist auch per Schiff (Steg: «Verkehrshaus-Lido») erreichbar. Rundfahrten auf dem Vierwaldstättersee sind am schönsten mit den historischen Raddampfern, *lakelucerne.ch*.

Verkehrshaus der Schweiz.

OBEN Themenbereich Luftfahrt. **UNTEN** Begehbare Schweizkarte im Verkehrshaus.

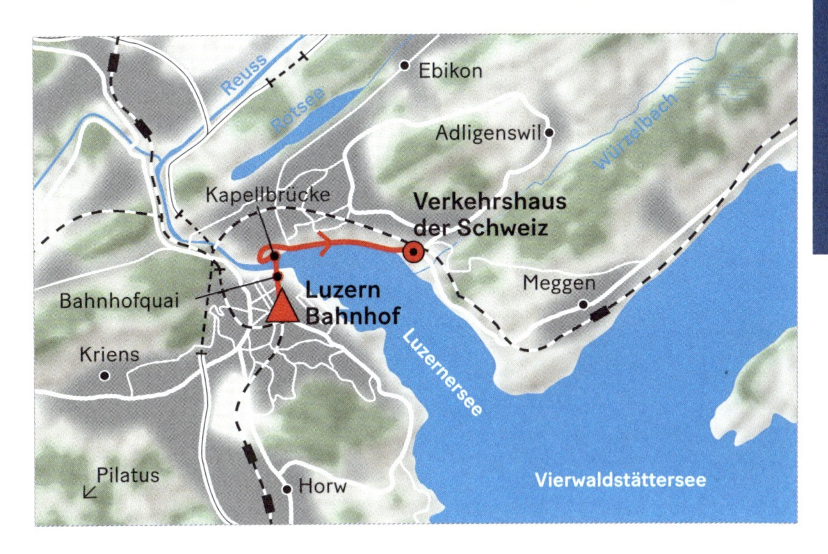

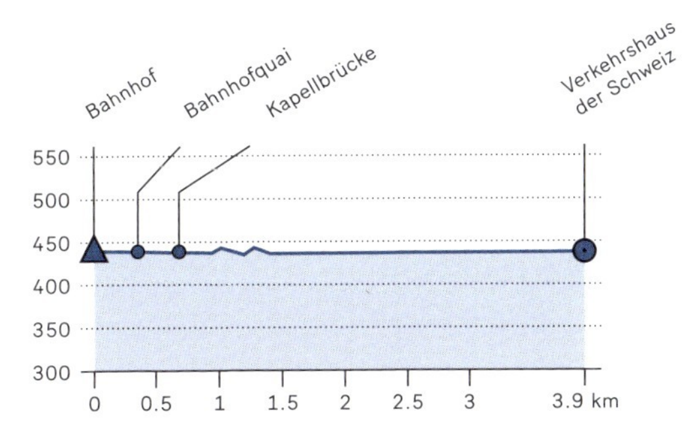

START/ZIEL Luzern.

CHARAKTERISTIK Stadtwanderung, durchwegs Hartbelag. Gelbe Wegweiser. Für alle Kinderwagentypen geeignet.

AN-/RÜCKREISE Mit dem Zug nach Luzern.

ROUTE Vom Hauptbahnhof (436 m) zur Kapellbrücke. Stadtrundgang individuell, z.B. Reusssteg – Spreuerbrücke – Musegg-mauer. Vom See bzw. Bahnhof in etwa 30 Minuten zu Fuss oder in wenigen Minuten mit Bus (Linien 6, 8 und 24) oder Schiff zum Verkehrshaus (435 m).

AUSRÜSTUNG Turnschuhwanderung.

EINKEHREN Restaurant im Verkehrshaus. Hotels und Restaurants in Luzern.

WANDERKARTE LK 1:50 000, 235T Rotkreuz.

INFOS *luzern.com; verkehrshaus.ch.*

KITZELPFAD AM HÄRZLISEE

Engelberg *Von Ristis zur Brunnihütte*

Natur

Kultur

Familie

Kondition

↑ 269 m  ↓ 269 m → 6.3 km ⏱ 2 h  ▶ T1

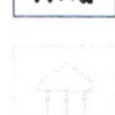

Der familienfreundliche Brunnipfad ist ein mit Informationstafeln versehener Naturlehrpfad. Er führt als Rundwanderweg von Ristis über blumige Alpweiden hinauf zur Brunnihütte und über die Sädelegg wieder hinunter. Diese hier vorgestellte kinderwagengängige Wanderung folgt dem Teilstück von Ristis zur Brunnihütte.
Mit der Luftseilbahn schwebt man bequem von Engelberg hinauf nach Ristis. Die dortige Sommerrodelbahn und Globis Alpenspielplatz mit Trampolin, Murmeli-Tunnelrutsche, Kletterkarussell und vielen weiteren Spielelementen sorgen gleich zu Beginn für einen ersten Stopp. Der Spassfaktor ist hoch und der Motivationsschub für die Kinder gleich zu Beginn der Wanderung nicht zu unterschätzen.
Auf einer breiten Strasse schlendert man dann gemächlich bis Rigidalstafel, dann führt der Wanderweg einige Höhenmeter bergauf in Richtung Brunnihütte. Schwierig ist es nicht, aber lehrreich.
Man geht teilweise auf dem Brunnipfad, einem Naturlehrpfad mit Informationen zu vielen Pflanzenarten. Bei der Brunnihütte lockt ein kurzer Spaziergang um den hübschen Härzlisee, verläuft doch rund um den See der sogenannte Kitzelpfad. Schuhe aus und los: Da läuft man über wechselnde Untergründe wie Sand, Holzschnitzel, Kiesel oder Lehm, und dazwischen tauchen die müden Beine immer wieder ein ins kühle Nass. Bevor es dann wieder hinunter geht nach Ristis, kann man in der Brunnihütte mit ihrer schönen Sonnenterrasse einkehren. Wer Zeit sparen und nicht auf demselben Weg zurück möchte, nimmt von Brunni die Sesselbahn hinunter nach Ristis.
Weitere Themenwege in der Nähe sind die Heilkräuterwege beim Härzlisee und oberhalb des Sesselliftes sowie der Barfusswanderweg bei der Hüttismatt.

Tipp | Der hier vorgestellte Weg ist auch identisch mit dem Themenweg «Globi's Schatzsuche». Die passende Schatzkarte und ein Fragebogen sind im Globi-Kiosk, im Berglodge Restaurant Ristis und in der Kräuterhütte am Härzlisee erhältlich. Es sind Preise zu gewinnen! Kann auch in umgekehrter Richtung erwandert werden.

Härzlisee und Brunnihütte.

OBEN Gute Laune in der Zentralschweiz. **UNTEN** Aussicht von der Brunnihütte.

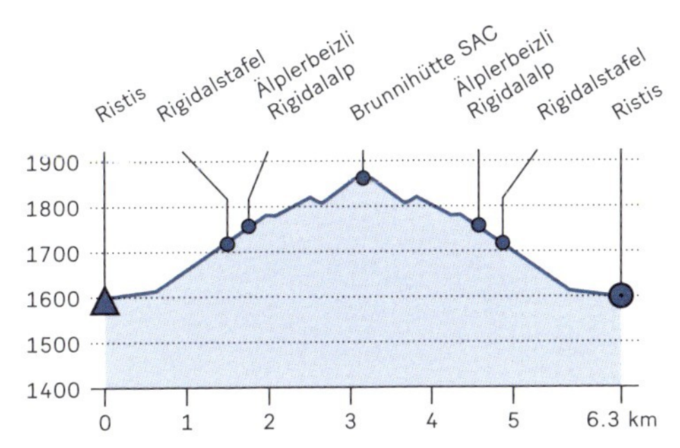

START/ZIEL Ristis.

CHARAKTERISTIK Einfache Wanderung auf markierten Wanderwegen. Von Brunni kann man auch mit der Sesselbahn hinunter nach Ristis fahren, Kinderwagen werden transportiert. Von Ristis bis Rigidalalp (Asphalt, etwa 30 Minuten) ist der Weg für alle Kinderwagentypen geeignet, ab Rigidalalp (Schotter und Naturstrasse) empfiehlt sich ein etwas geländegängiger Kinderwagen.

AN-/RÜCKREISE Mit dem Zug nach Engelberg, weiter mit dem Gratis-Bus in wenigen Minuten zur Talstation der Brunni-Bahnen und mit der Luftseilbahn bis Ristis.

ROUTE Ristis (1601 m) – Rigidalstafel (1748 m) – Brunnihütte (1860 m) – auf selbem Weg zurück.

AUSRÜSTUNG Normale Wanderausrüstung, Sonnenschutz, im Sommer Badesachen für den Härzlisee.

EINKEHREN Berglodge Restaurant Ristis; Älplerbeizli auf der Rigidalalp; Brunnihütte, *brunnihuette.ch.*

WANDERKARTE LK 1:50 000, 245T Stans.

INFOS *engelberg.ch; brunni.ch; obwalden.ch.*

BUNTE KÜRBISWELT

Pfäffikon ZH *Rund um den Pfäffikersee*

Natur

Kultur

Familie

Kondition

39 m

29 m

10.5 km

2 ½ h

T1

Die barrierefreie Rundwanderung um den Pfäffikersee im Zürcher Oberland ist beliebt und für alle geeignet. Genusswanderer, Senioren und Familien mit Kindern erleben auf der Runde viel Kurzweil. Dabei ist es einerlei, in welcher Richtung man um den See wandert. Mit einer Länge von etwa 2½ Kilometern und einer Breite von etwa 1½ Kilometern ist der Pfäffikersee relativ überschaubar. Er steht unter Naturschutz und gehört seit 1977 zu den Landschaften von nationaler Bedeutung.

Die Runde um den See ist ideal für eine Kinderwagen-Wanderung und hat zu jeder Jahreszeit ihren Reiz. Beliebt ist sie im Herbst. Dann ist beim Zwischenziel Juckerfarm in Seegräben Kürbissaison. Auf die Besucher warten Tausende verschiedene Kürbisse in allen Grössen, Formen und Farben zum Anschauen, Essen, Kaufen oder Schnitzen. Es gibt einen Spielplatz, zwei Irrgärten, einen Streichelzoo, ein Labyrinth aus Apfelbäumen und vieles mehr. Man kann im Hofrestaurant einkehren oder im Hofladen regionale Produkte kaufen und sich ein Plätzchen auf dem weitläufigen Gelände mit Blick auf den Pfäffikersee suchen. Dann geht's weiter, rund um den See. Auf Bootsstegen geniesst man die Ruhe des Wassers und erspäht durch die Schilfgürtel viele verschiedene Wasservögel. Unterwegs finden sich immer wieder Feuerstellen und schöne Plätze, die zum Picknicken einladen. Im Sommer sollte man die Badesachen nicht vergessen, verlocken doch die Strandbäder von Pfäffikon, Auslikon und Seegräben zu erholsamen Pausen. Erwähnenswert ist auch das Römerkastell auf einem Hügel bei Päffikon. Im 4. Jahrhundert von den Römern erbaut, sind die Grundrisse der Mauern bis heute erhalten.

Tipp | Informationen rund um den Pfäffikersee findet man auf der Homepage der Gemeinde Pfäffikon; zum Download stehen u. a. Flyer zum Naturschutzgebiet sowie eine Karte mit allen offiziellen Feuerstellen zur Verfügung. Spielplätze z. B. am Seequai in Pfäffikon und Robinsonspielplatz in Wetzikon.

Kürbisausstellung bei der Juckerfarm in Seegräben.

OBEN Am Pfäffikersee. **UNTEN** Im Doppelpack rund um den Pfäffikersee.

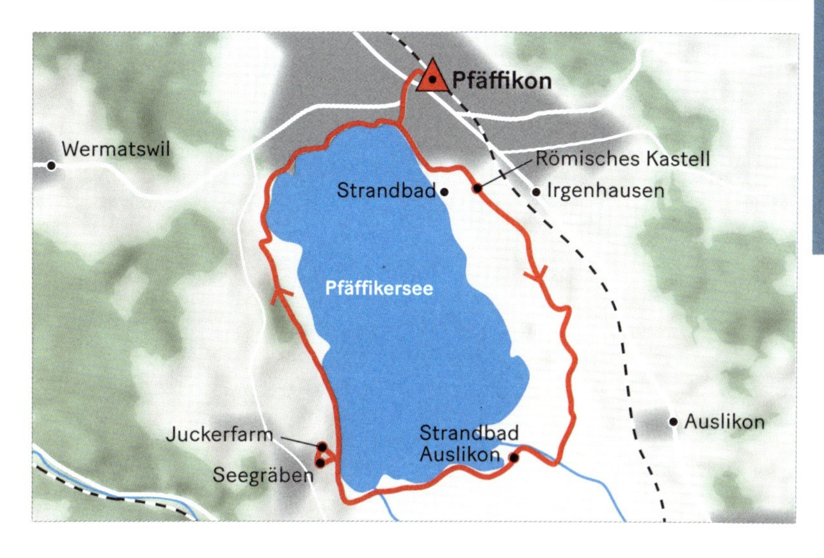

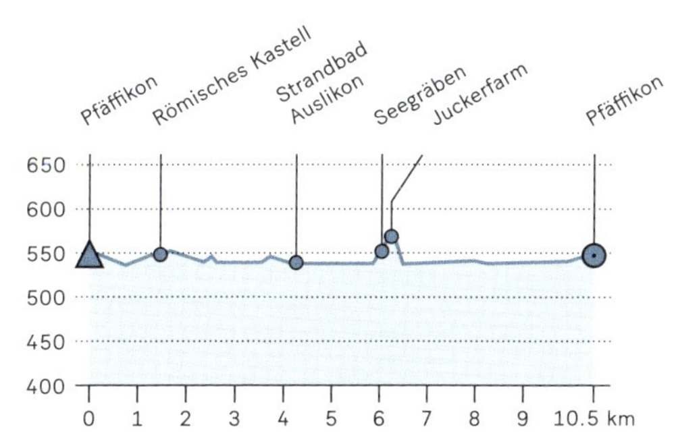

START/ZIEL Pfäffikon ZH.

CHARAKTERISTIK Einfache Wanderung, meist nahe am Wasser. Spielplätze und Wickeltische in Pfäffikon und auf der Juckerfarm in Seegräben. Gelbe Wegweiser; zusätzlich Wegweiser mit grünem Quadrat und der Routennummer 890 «Pfäffikersee-Rundweg» (barrierefrei). Für alle Kinderwagentypen geeignet.

AN-/RÜCKREISE Mit dem Zug bis Pfäffikon ZH.

ROUTE Pfäffikon ZH (547 m) – Strandbad Auslikon (538 m) – Seegräben/Juckerfarm (561 m) – Pfäffikon ZH.

AUSRÜSTUNG Leichte Wanderausrüstung, Sonnenschutz (wenig Schatten auf der Route), im Sommer Badesachen und evtl. etwas zum Grillieren.

EINKEHREN Juckerfarm, Erlebnisbauernhof, *juckerfarm.ch*. Unterwegs viele Rast- und Grillplätze.

WANDERKARTE LK 1:50 000, 226T Rapperswil.

INFOS *zuerioberland-tourismus.ch, pfaeffikon.ch.*

RUND UM DEN FLUGHAFEN

Zürich *Via Oberglatt zum Pistenende*

Natur

Kultur

Familie

Kondition

↑ 23 m ↓ 23 m → 17.5 km 4 ½ h  T1

Wandern am Flughafen? Aber sicher! Auf der einfachen Rundwanderung um den Flughafen Zürich kommen Flugzeugfans und Naturliebhaber gleichermassen auf ihre Kosten. Denn neben dem Donnern der Riesenvögel ist auch überraschend viel Vogelgezwitscher zu hören. Der Weg führt entlang den Ufern der Glatt, über Wiesen und Felder, durch Naturschutzgebiete und Feuchtbiotope. Aussichtspunkte und in die Zäune eingelassene Löcher ermöglichen das Beobachten der Starts und Landungen.
Ein idealer Aussichtspunkt, um die landenden Flugzeuge zu beobachten, ist das sogenannte «Pistenende». Hier befindet sich eine Bushaltestelle, und man kann auch bei einem Kiosk einkehren. Die markierte Rundwanderung, die ohne Zwischenstopps etwa 4 ½ Stunden beansprucht, verläuft ohne Höhenunterschiede. Selbstverständlich können auch nur Teilstücke erwandert werden.

Die Strecke ist eine der von SchweizMobil speziell signalisierten «hindernisfreien Wege» und ist auch mit Rollstuhl befahrbar. Zudem eignet sich die Runde wunderbar für Familien mit Kindern und kann auch mit dem Fahrrad oder mit den Inlineskates unternommen werden.

Tipp | Wer mehr über den Betrieb des Flughafens wissen möchte: Blicke hinter die Kulissen sind auf diversen thematischen Führungen möglich, auch speziell für Familien. Tel. 043 816 21 56, *flughafen-zuerich.ch.*

Flugzeuge gucken: Swiss beim Landeanflug.

OBEN Barrierefrei rund um den Flughafen. **UNTEN** Am Ufer der Glatt entlang.

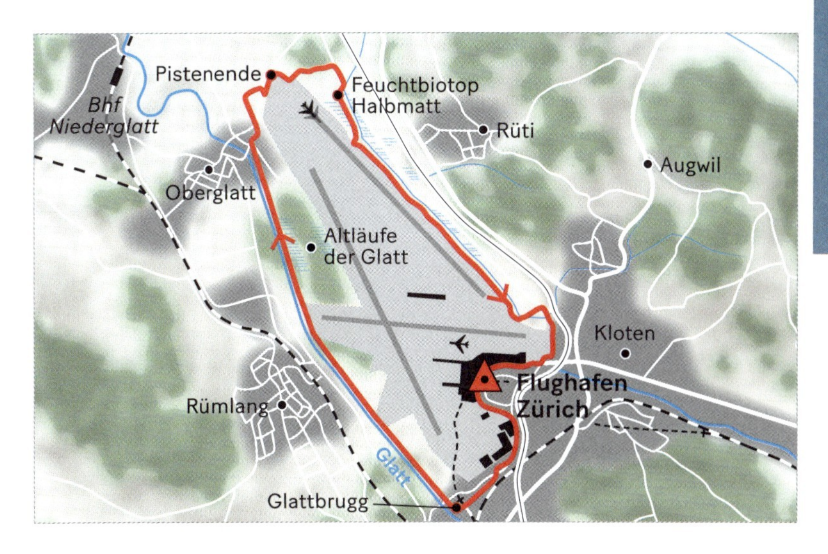

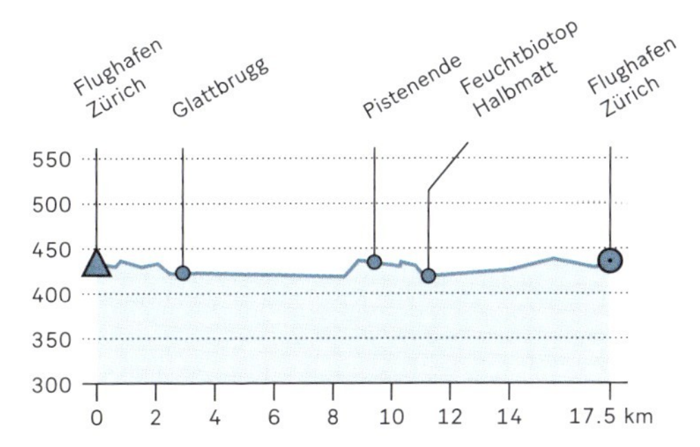

START/ZIEL Zürch, Flughafen.

CHARAKTERISTIK Einfache Rundwanderung um den Flughafen Zürich. Der Flughafen-Rundweg ist einer der von SchweizMobil speziell markierten «Hindernisfreien Wege». Er verläuft auf den gelb markierten Wanderwegen und ist mit zusätzlichem Wegweiser mit grünem Quadrat und der Routennummer 892 ausgezeichnet. Es können auch nur Teilstücke erwandert werden. Am Pistenende, etwa auf der Hälfte der Strecke, befinden sich eine Bushaltestelle und ein Kiosk. Für alle Kinderwagentypen geeignet.

AN-/RÜCKREISE Mit dem Zug zum Flughafen Zürich.

ROUTE Vom Eingangsgebäude des Flughafens in Richtung Glattbrugg und dann immer den Wegweisern «Flughafen-Rundweg» folgen.

AUSRÜSTUNG Leichte Wanderausrüstung, Sonnenschutz.

EINKEHREN Restaurants und viele Verpflegungsmöglichkeiten am Flughafen. Am «Pistenende» Grill, Imbiss und Eis.

WANDERKARTEN LK 1:50 000, 215T Baden, 225T Zürich.

INFOS *zuerich.com.*

LÄNGSTE SCWEIZER HOLZBRÜCKE

Rapperswil Auf dem Holzbrücke Seedamm-Weg

Natur

Kultur

Familie

Kondition

11 m  **4.9 km** **1 ¼ h** 

6 m

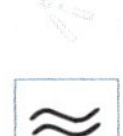

Diese barrierefreie und kinderwagenfreundliche Wanderung am Zürichsee führt von Rapperswil im Kanton St. Gallen über den berühmten Holzsteg nach Hurden und weiter nach Pfäffikon im Kanton Schwyz. Die kurze Wanderung lässt zu Beginn noch ausreichend Zeit für eine Besichtigung von Rapperswil. Da wären die hübschen Altstadtgassen, die Rosengärten und die mediterrane Atmosphäre am Zürichsee. Mit dem Schiff kann man gar hinüberfahren zur Insel Ufenau. Sie ist die grösste Insel der Schweiz, die nicht über eine Brücke mit dem Festland verbunden ist. Das Schloss von Rapperswil thront auf einem Hügel über der Altstadt und ermöglicht eine schöne Aussicht über den Zürichsee. Am Hirschpark auf dem Schlosshügel haben vor allem Kinder ihre Freude. Der Weg führt kurz am See entlang und erreicht dann beim Wegweiser «Pilgerplätzli» die Holzbrücke. «Pilgerplätzli» deshalb, beginnt doch hier die 4. Etappe der ViaJacobi, des Schweizer Jakobswegs. Sie führt von Rapperswil über den Etzelpass zum Kloster Einsiedeln. So weit führt diese Wanderung aber nicht. Im Gegenteil. Gemütlich geht es nun über den Fussgänger-Holzsteg. Er ist 841 Meter lang und 2,40 Meter breit und ist somit die längste Holzbrücke der Schweiz. Der Steg steht auf total 233 Pfählen und liegt 1,50 Meter über dem Normalwasserstand. Gleich zu Beginn spaziert man vorbei an der Brückenkapelle Heilig Hüsli, dann beeindrucken vor allem die Aussichten über den Zürichsee und der Blick zurück auf die Stadtsilhouette von Rapperswil. Über Hurden erreicht man das Naturschutzgebiet Frauenwinkel. Es ist das grösste zusammenhängende Naturschutzgebiet am Zürichsee. Die Wasserflächen werden südlich und östlich von Riedflächen und gegen Nordwesten von den Inseln Ufenau und Lützelau eingerahmt. Bald darauf ist auch schon der Bahnhof von Pfäffikon SZ erreicht.

Tipp | Den Namen «Rosenstadt» trägt Rapperswil aufgrund der über 20 000 Rosen, welche von Mai bis Oktober in den vier verschiedenen Rosengärten der Stadt blühen. Mit Kindern lohnt sich der Aufstieg zum Schlosshügel mit dem Hirschpark.

Übers Wasser gehen: Der 841 Meter lange Holzsteg über den Zürichsee.

OBEN Auf dem Steg mit Blick auf Rapperswil. **UNTEN** Hirschpark Schloss Rapperswil.

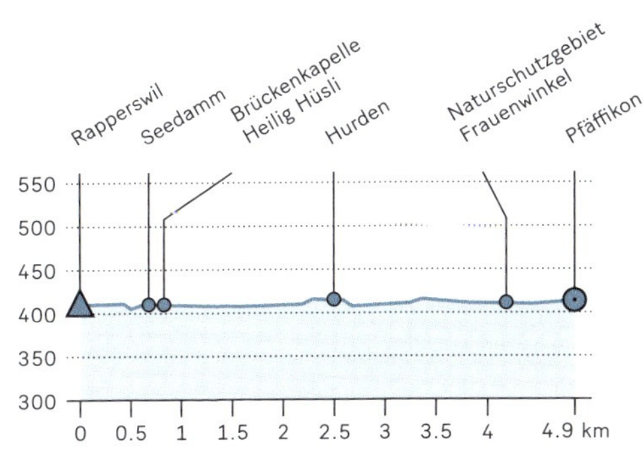

START Rapperswil SG.

ZIEL Pfäffikon SZ.

CHARAKTERISTIK Einfache Wanderung über den Seedamm. Gelbe Wegweiser; zusätzlich Wegweiser mit grünem Quadrat und der Routennummer 849 «Holzbrücke Seedamm-Weg» (barrierefrei). Der Weg ist auch für kleinere Kinder geeignet, die bereits zu Fuss oder mit dem Laufrad unterwegs sind. Für alle Kinderwagentypen möglich.

ANREISE Mit dem Zug nach Rapperswil.

RÜCKREISE Mit dem Zug ab Pfäffikon SZ.

ROUTE Rapperswil Bahnhof (409 m) – Seedamm (409 m) – Holzsteg/Holzbrücke (409 m) – Hurden (416 m) – Pfäffikon SZ (416 m).

AUSRÜSTUNG Leichte Wanderausrüstung, Sonnenschutz.

EINKEHREN Restaurants in Rapperswil und Pfäffikon.

WANDERKARTEN LK 1:50 000, 226T Rapperswil, 236T Lachen.

INFOS *rapperswil-zuerichsee.ch; frauenwinkel.ch.*

ICH GLAUB, ICH STEH' IM WALD

Mogelsberg *Zum Baumwipfelpfad Neckertal*

Natur	Kultur	Familie	Kondition

↑ **149 m** ↓ **149 m** → **3.8 km** ◷ **1½ h**  **T1**

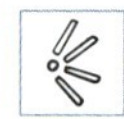

«Uih, da wird's mir ja ganz schwindelig», sagt die kleine Andrina, als sie von der Aussichtsplattform nach unten schaut. Doch zum Glück sind Mama und Papa nicht weit, und man kann ja auch in den Kinderwagen flüchten. Seit Sommer 2018 gibt es im Steinwäldli oberhalb Mogelsberg den schweizweit ersten Baumwipfelpfad. Dieser verläuft auf Höhen zwischen vier und fünfzehn Metern und schraubt sich hoch bis zur Aussichtsplattform in 55 Meter Höhe. Und: Der Pfad ist barrierefrei und beidseitig mit Geländern aus Stahl sowie hölzernem Handlauf gut abgesichert. Er kann also auch mit Rollstuhl und Kinderwagen begangen werden, was in diesem Fall die kleine Andrina besonders freut. Stellenweise ragt der Pfad über die eigentlichen Baumhöhen hinaus. Möglich sind so herrliche Fernblicke über das Neckertal bis in den Schwarzwald und natürlich auf die tiefer gelegenen Bäume. Noch nie waren das Vogelgezwitscher und das Rauschen der Blätter so nah.

Zum Baumwipfelpfad gehört auch der 650 Meter lange Walderlebnispfad. Beide zusammen verfügen über 30 verschiedene Lern- und Erlebnisstationen, an denen man viel über den Wald und die Natur erfährt. An den Stationen kann man aber nicht nur lesen, sondern auch drehen, schmecken, hören und fühlen. Da geht es um einheimische Tiere wie Eichhörnchen, Specht und Steinadler und natürlich um die vielen Baumarten im Mogelsberger Wald – von der Eibe bis zur Eberesche. Und sind die Kinderköpfe dann voll mit lehrreichen Infos, kann sich die Jungmannschaft auf dem fantasiereichen Spielplatz austoben: Balancierwege, Waldxylophon, Riesenkugelbahn, Seilbähnli und Mikado-Kletterstämme lassen keine Wünsche offen. Da können die Eltern in der Zwischenzeit schon mal das Feuer an den Grillstellen schüren.

Tipp | Der Baumwipfelpfad ist ganzjährig geöffnet. Sommersaison April bis Oktober, Montag bis Sonntag, 9.30 bis 18 Uhr; Wintersaison November bis März, Mittwoch bis Sonntag, 10 bis 16 Uhr, Montag und Dienstag geschlossen. Bei Gewitter, Hagel und Sturm kann der Pfad geschlossen sein.

Gute Laune auf dem Baumwipfelpfad Mogelsberg.

OBEN Andrina hat sichtlich Spass in den Bäumen. **UNTEN** Baumwipfelpfad Mogelsberg.

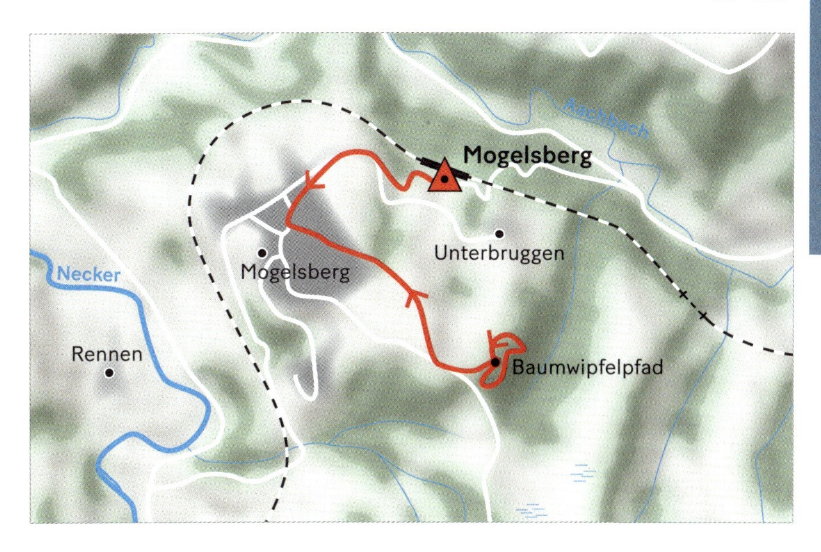

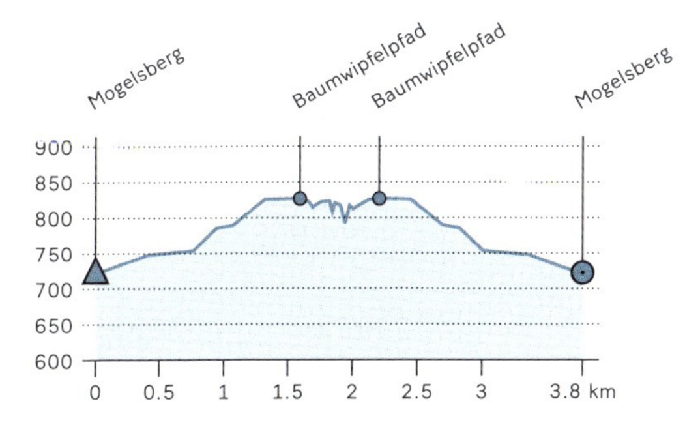

START/ZIEL Mogelsberg.

CHARAKTERISTIK Zunächst einfache Wanderung vom Bahnhof Mogelsberg zum Baumwipfelpfad. Vom Bahnhof geht ein Fussweg im Wald bergauf (etwa 100 Höhenmeter); dies dauert etwa 30 Minuten. Mit Kinderwagen und Rollstuhl führt ein alternativer Weg durchs Dorf (ebenfalls etwa 30 Minuten). Der Baumwipfelpfad ist barrierefrei und beidseitig abgesichert; er kann mit Rollstuhl und Kinderwagen begangen werden. Für alle Kinderwagentypen geeignet.

AN-/RÜCKREISE Mit dem Zug nach Mogelsberg. Die S2 und S4 St. Gallen-Wattwil hält in Mogelsberg auf Verlangen.

ROUTE Mogelsberg Bahnhof (711 m) – Mogelsberg (755 m) – Baumwipfelpfad – auf selbem Weg zurück.

AUSRÜSTUNG Leichte Wanderausrüstung, Sonnenschutz.

EINKEHREN Einfache kalte und warme Speisen sowie Getränke im Selbstbedienungsbistro beim Baumwipfelpfad. Wer möchte, kann auch etwas für den Grill kaufen.

WANDERKARTE LK 1:50 000, 227T Appenzell.

INFOS *baumwipfelpfad.ch; neckertal-tourismus.ch.*

BOCK AUF STEINBOCK

Pontresina *Auf der Steinbock-Promenade*

Natur

Kultur

Familie

Kondition

↑ 68 m ↓ 68 m → 2.6 km ⏱ 1 h  T1

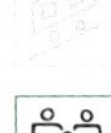

Die Steinbock-Promenade in Pontresina ist ein kurzer und kinderwagengängiger Erlebnisweg. Familien erhalten an sieben Posten viele Informationen zum Leben der Steinböcke. Mit dem Steinbock-Beobachten ist das nämlich so eine Sache. Wer den «König der Alpen» in freier Wildbahn sehen möchte, muss in der Regel in höhere Regionen aufsteigen. Dann sieht man die Tiere manchmal vom Wanderweg aus. Auch bei einer Hüttenübernachtung stehen die Chancen gut, auf Tiere zu treffen, wenn diese das von den Hüttenwarten ausgelegte Salz lecken.
In Pontresina ist das etwas anders, vor allem im Frühjahr. Wenn der Schnee noch bis zur Baumgrenze liegt, kommen sie weit herunter, bis an den Dorfrand, um frisches Gras zu fressen. Und dort setzt auch die Erlebniswelt an: Den Anfang macht die Steinbock-Promenade in unmittelbarer Dorfnähe. Sie beginnt bei der Kirche Santa Maria und ist etwa einen Kilometer lang. Wer eine Etage höher möchte, kann mit dem Sessellift auf die Alp Languard fahren. Dort erzählt die Steinbock-Galerie von Ausrottung und Wiederansiedelung der Steinböcke, und Kinder können auf dem Steinbock-Spielplatz zum Wettkampf gegen den «König der Alpen» antreten.
Die Promenade ist das ganze Jahr über zugänglich. Von Anfang April bis Anfang Juni erhalten Interessierte auf einer kostenlosen Führung von etwa eineinhalb Stunden spannende Einblicke in die Welt des Steinwildes. Ab Juni, wenn die Temperaturen steigen und die Steinböcke wieder in höheren Gefilden anzutreffen sind, bietet Pontresina Murmeltier- und Steinwildexkursionen an.

Tipp | Der Flaz-Uferweg von Pontresina nach Bever ist eine charmante Kinderwagentour durch die sanft hügelige Engadiner Landschaft entlang dem leise plätschernden Flüsschen Flaz. Gelbe Wegweiser; zusätzlich Wegweiser mit grünem Quadrat und der Routennummer 705 «Flaz-Uferweg» (barrierefrei).

Steinbock bei Pontresina.

OBEN Familienausflug. **UNTEN** Kinderwagengängiges Terrain auf der Promenade.

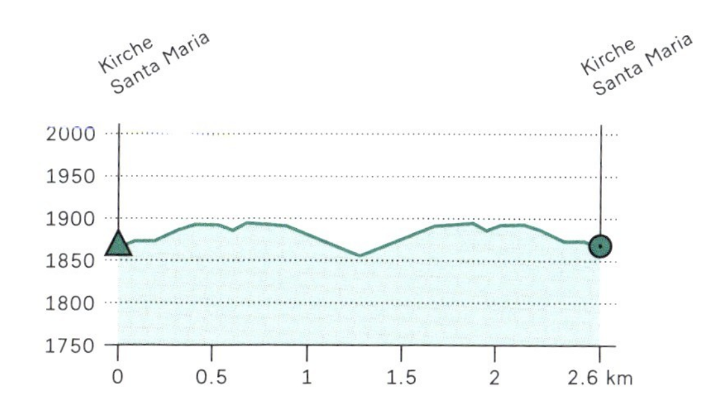

START Pontresina, Kirche Santa Maria.

ZIEL Pontresina.

CHARAKTERISTIK Einfacher Spaziergang auf markiertem und kinderwagengängigem Themenweg. Für alle Kinderwagentypen geeignet.

AN-/RÜCKREISE Mit der Rhätischen Bahn (RhB) nach Pontresina.

ROUTE Von der Kirche Santa Maria einfach dem Weg entlang den Erlebnisposten folgen. Am Ende des Weges wahlweise ins Dorfzentrum von Pontresina oder auf gleichem Weg zurück.

AUSRÜSTUNG Leichte Wanderausrüstung, Sonnenschutz.

EINKEHREN Restaurants in Pontresina.

WANDERKARTE LK 1:50 000, 268T Julierpass.

INFOS *pontresina.ch; graubuenden.ch.*

AUF DEN SPUREN DES EISES

Morteratsch Gletscherweg

Natur | **Kultur** | **Familie** | **Kondition**

130 m ↑ | **130 m** ↓ | **5.7 km** → | **2 h** | **T1**

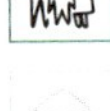

Dieser kinderwagentaugliche Themenweg führt vom Bahnhof Morteratsch bis zum Gletschervorfeld des Morteratsch-Gletschers. Auf dem Weg informieren mehrere Haltepunkte über das Zurückweichen des Gletschers und über das Leben im Gletschervorfeld. Texte auf Informationstafeln erzählen kurzweilige Geschichten über Wetter, Klima und Glaziologie sowie über die Tourismus- und Kulturgeschichte von Pontresina. Bereits nach knapp einer Stunde Gehzeit steht man vor dem Gletschersee und der Gletscherzunge.
Familien mit Kindern können mit dem Gletschergeist «Sabi» wandern. Das Kinderbuch «Sabis grosser Traum» ist eine Abenteuer-Tour für Kinder zwischen 5 und 12 Jahren. Dabei bekommen die Kinder ein Mini-Buch, das eine Geschichte erzählt und Aufgaben beinhaltet, die auf dem Gletscherweg gelöst werden können. Am Ende der Tour kann das Büchlein mit den Lösungen bei der Tourist Information vorgezeigt werden und die Kinder erhalten eine Überraschung. Die Büchlein sind an der Tourist Information Pontresina, in den meisten Pontresiner Hotels, beim Camping Morteratsch sowie bei der Alpschaukäserei Pontresina erhältlich. Ebenso gibt es zum Themenweg das Begleitbuch «Lebendiges Gletschervorfeld».
Die kostenlose Bernina-Glaciers-App liefert Informationen zur Bernina-Bergwelt und beinhaltet u.a. eine LiteraTOUR zum Gletscherweg Morteratsch. Die Audiotexte sind alle auf der App abrufbar oder können einzeln mittels QR-Code bei den Informationstafeln entlang des Gletscherweges abgerufen werden.

Tipp | Ein schöner Familienausflug führt kinderwagengängig von Pontresina zum Stazersee, der in einer Lichtung des Stazerwaldes liegt. Im Sommer kann man dort baden und grillieren. Wer möchte verlängert den Spaziergang bis nach St. Moritz und fährt mit der Rhätischen Bahn wieder zurück nach Pontresina.

Mit Sabi zum Morteratschgletscher.

OBEN Breiter Weg zum Gletscher. **UNTEN** Mamas Sonnenbrille ist die beste.

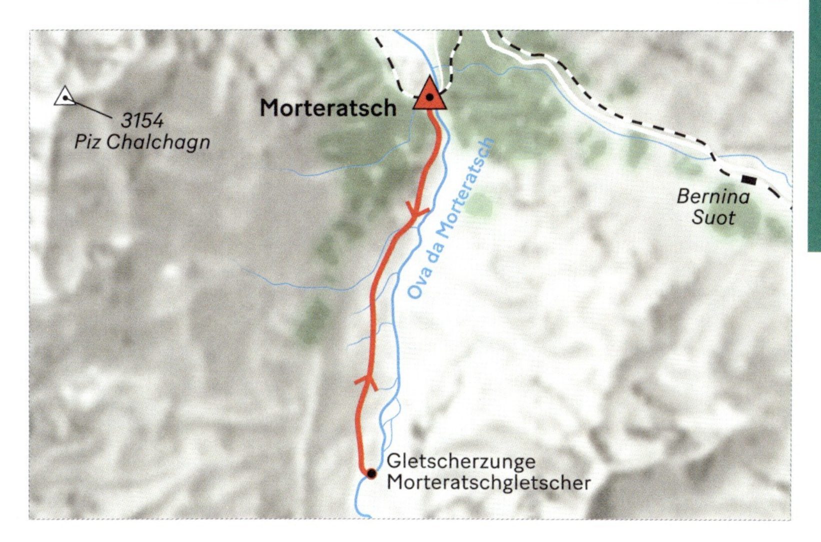

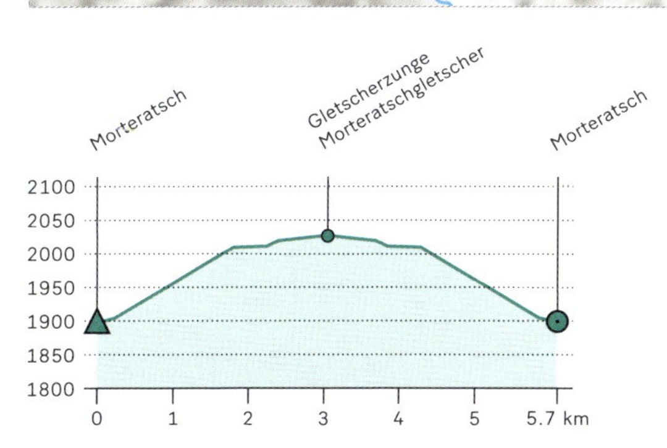

START/ZIEL Bahnhof Morteratsch.

CHARAKTERISTIK Einfache Wanderung auf markiertem und kinderwagentauglichem Themenweg. Der Kinderwagen sollte etwas geländegängig sein.

AN-/RÜCKREISE Mit der Rhätischen Bahn über Pontresina bis Haltestelle Morteratsch.

ROUTE Bahnhof Morteratsch (1896 m) – Vadret da Morteratsch (2010 m) – Gletscherzunge – Bahnhof Morteratsch.

AUSRÜSTUNG Normale Wanderausrüstung, Sonnenschutz.

EINKEHREN Hotel-Restaurant Morteratsch (beim Bahnhof);

WANDERKARTE LK 1:50 000, 268T Julierpass.

INFOS *pontresina.ch; bernina-glaciers.ch*

AUF IN DEN GWUNDERWALD

Davos Naturerlebnisweg Heidboden

Natur

Kultur

Familie

Kondition

↑ 321 m ↓ 156 m → 6.6 km ⌚ 2½ h ▶ T1

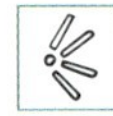

So viel vorweg: Was André Kindschi, der «Vater» des «GWunderwaldes», und seine Helfer mit diesem Naturerlebnisweg erschaffen haben, ist grosse Klasse. Acht Teilpfade widmen sich mit über 30 Aktiv- und Spielposten unterschiedlichen Naturthemen und sorgen so für einen unterhaltsamen und lehrreichen Ausflug in die Bergwelt. Da geht es um Nutz- und Waldtiere, Fische und Vögel, Schmetterlinge und Honigbienen. Alle Posten sind aufwendig und liebevoll gestaltet und gehen weit über blosses Schautafel-Niveau hinaus. Welches Kind möchte nicht einmal ein «GWunderwald»-Memory spielen, auf einem Barfusspfad spazieren oder sich im Baumzapfen-Zielwurf versuchen? Das Besondere am «GWunderwald» ist, dass es sich hierbei nicht um einen Weg handelt, sondern um deren acht. Jeder der Teilpfade beginnt bei einer Bushaltestelle und führt in Richtung Heidboden, dem Zentrum des «GWunderwaldes» mit Grillplatz. Es ist aber auch möglich, zwei oder drei Pfade miteinander zu verbinden. Besucher können ihre Routenwahl also komplett selbst bestimmen. Auch Genuss und Kulinarik kommen nicht zu kurz: An allen Pfaden verlocken Restaurants mit speziellen «GWunderwald»-Menüs zum Einkehren. Es lohnt sich auch, den aktuellen Flyer mit auf die Wanderung zu nehmen, wird doch monatlich ein «GWunderwald»-Quiz durchgeführt. Die acht Pfade ergeben zusammen eine Länge von 13 Kilometern. Mit Kindern bewältigt man an einem Tag etwa die Hälfte der Gesamtstrecke, schliesslich steht das Spielen und Entdecken an den einzelnen Aktivposten im Zentrum. Für eine komplette Begehung des «GWunderwaldes» sollte man zwei Tage einplanen. Auf *gwunderwald.ch* sind alle Pfade und Posten beschrieben; auch, welche Pfade sich miteinander kombinieren lassen und welche für Kinderwagen geeignet sind.

Tipp | Den Naturerlebnispfad kann man auch im Rahmen von Exkursionen kennenlernen. Forstwart André Kindschi führt in seiner Funktion als Ranger sowohl im Rahmen des Gästeprogramms von Davos Klosters als auch individuell, z.B. für Schulklassen, durch den «GWunderwald».

Spielposten Schutzwald am Flipperkasten im «GWunderwald».

OBEN Viel Betrieb an den «GWunderwald»-Posten. **UNTEN** Tierfelle ertasten.

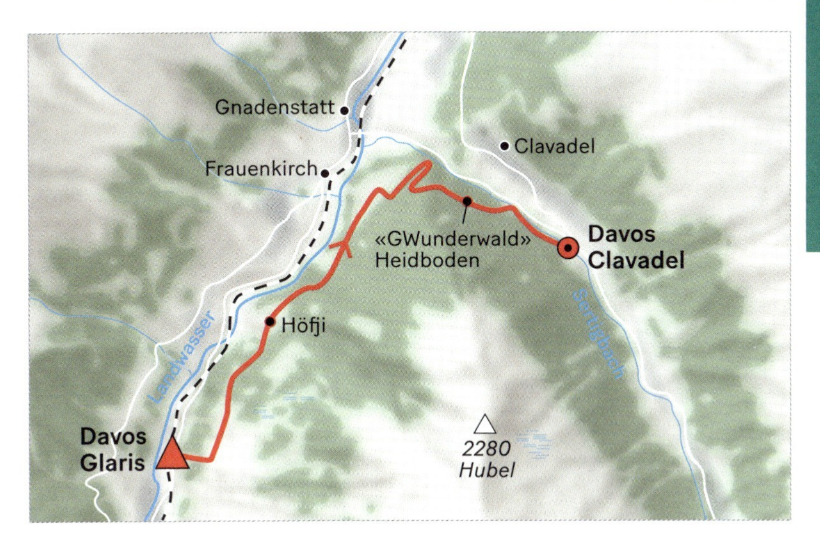

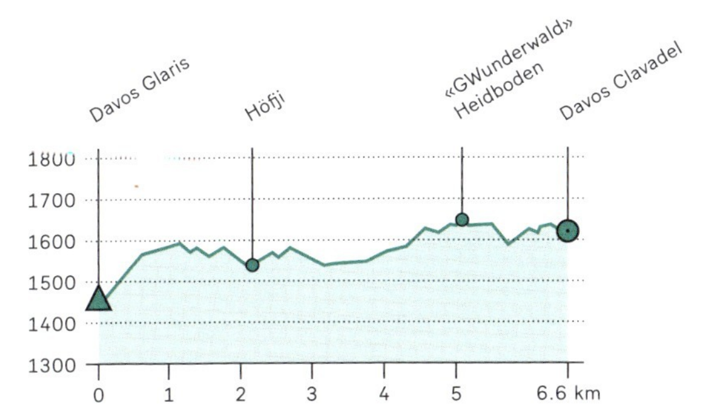

START/ZIEL Davos, weiter mit Bus zu den Ausgangspunkten der Teilpfade.

CHARAKTERISTIK Einfache, kindgerechte Wanderung auf markierten Wegen. Spezielle Wegweiser mit «Koni», dem Eichhörnchen, führen mit der jeweiligen Pfadfarbe durch den «GWunderwald». Die für Kinderwagen geeigneten Pfade sind speziell signalisiert. Auf der Homepage *gwunderwald.ch* sind alle Pfade aufgelistet, die sich besonders gut für Kinderwagen eignen.

AN-/RÜCKREISE Mit der Rhätischen Bahn nach Davos. Alle Teilpfade sind mit dem Ortsbus erreichbar (Fahrplan Verkehrsbetriebe Davos: *vb.ch*).

ROUTE Der «GWunderwald» besteht aus acht Teilpfaden, die miteinander kombiniert werden können.

AUSRÜSTUNG Normale Wanderausrüstung, bequeme Kleidung zum Spielen und Toben, etwas zum Grillieren.

EINKEHREN Grosser Grillplatz beim Heidboden. Restaurants auf allen Teilpfaden.

WANDERKARTEN LK 1:50 000, 248T Prättigau, 258T Bergün.

INFOS *gwunderwald.ch; davos.ch.*

KARIBIK IM TANNENWALD

Flims-Waldhaus *Rund um den Caumasee*

Natur

Kultur

Familie

Kondition

↑ 192 m

↓ 192 m

→ 7.8 km

2 ¼ h

▶ T1

Der Caumasee ist das Topausflugsziel in Flims. Man braucht ihn eigentlich nicht mehr vorzustellen. Vor allem an heissen Sommertagen ist der Andrang gross. Ein bisschen wie in der Karibik fühlt man sich an diesem türkisblauen Bergsee mit Badestrand. Diese einfache und gemütliche Wanderung ist eine schöne Alternative zur etwas längeren Rundwanderung, die den Crestasee miteinschliesst. Von Flims-Waldhaus folgt man dem holzgeschnitzten Neptun-Wegweiser und den gelben Wegweisern zum Caumasee. Schon bald öffnen sich die ersten Blicke auf den hübschen Bergsee, und man erreicht die Bergstation der Standseilbahn. Diese fährt jeweils von 8 bis 17 Uhr hinunter an den See. Man folgt aber nun weiter dem Wanderweg durch den Flimserwald bis zum Restaurant Conn und der dortigen Aussichtsplattform «Il Spir». Das Restaurant verlockt zur Einkehr und die Aussichtsplattform zum sensationellen Tiefblick in die Rheinschlucht. Für den Rückweg wählt man zunächst denselben Weg. Am Caumasee kann man dann den Uferweg gegenüber der Standseilbahn wählen, so ergibt sich noch eine schöne Rundwanderung.
Im Sommer sollte man die Badesachen nicht vergessen. Denn was liegt auf dieser Wanderung näher, als sie mit einem erfrischenden Bad zu bereichern? Im Sommer beträgt die Wassertemperatur zwischen 17 und 24 Grad Celsius. Es hat eine schöne Liegewiese, ein Selbstbedienungsrestaurant und für Kinder einen Sandkasten sowie einen Spielplatz.

Tipp | An der Talstation in Laax gibt es im «rocksresort PARK» viele Aktivitäten für Familien und Kinder. Von der Urban Surfwave, wo man mit Skateboards, Gokarts oder BMX-Bikes über die asphaltierten Wellen surfen kann, über einen Spielplatz bis hin zum Wildbienenparadies.

Blick auf den Caumasee.

OBEN Tiefblick in die Rheinschlucht. **UNTEN** Gute Laune in Flims.

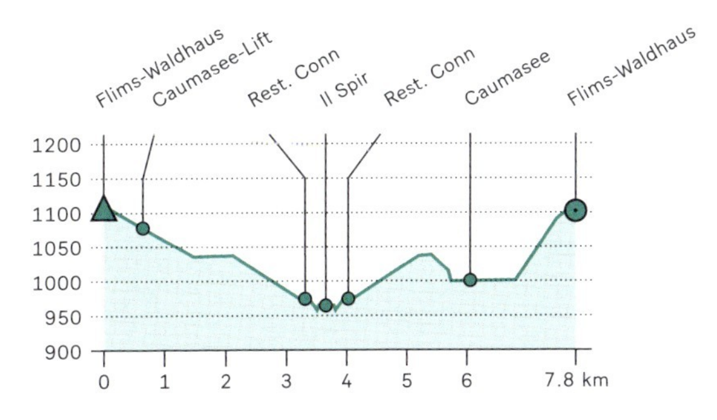

START/ZIEL Flims-Waldhaus.

CHARAKTERISTIK Einfache Wanderung auf markierten Wegen. Vom Wanderweg führt auch eine Standseilbahn hinunter zum See. Der Caumasee-Lift kann gratis benutzt werden, er fährt jeweils täglich von 8 bis 17 Uhr. Das Seebad/Strandbad Caumasee ist gebührenpflichtig. Für alle Kinderwagentypen geeignet.

AN-/RÜCKREISE Mit dem Zug nach Chur, weiter mit dem Postauto nach Flims-Waldhaus.

ROUTE Flims-Waldhaus (1130 m) - Caumasee (996 m) - Conn/Aussichtsplattform «Il Spir» (993 m) - Caumasee (996 m) - Flims Waldhaus.

AUSRÜSTUNG Normale Wanderausrüstung, Sonnenschutz, im Sommer Badesachen.

EINKEHREN Selbstbedienungsrestaurant am Caumasee, *caumasee.ch*; Restaurant Conn, *conn.ch*.

WANDERKARTE LK 1:50 000, 247T Sardona.

INFOS *flimslaax.com; graubuenden.ch.*

EINMALIGE AUENLANDSCHAFT

Bolle di Magadino *Entdeckungstour im Delta*

Natur ■■■■■■ | Kultur ■■■□□□ | Familie ■■■■■■ | Kondition 

↑ 9 m | ↓ 9 m | → 13.2 km | 3 ¼ h | ▶ T1

Die Bolle di Magadino ist eine Deltalandschaft von einmaliger Schönheit, Originalität, Ausdehnung und ökologischem Wert. Nur wissen das viele Tessin-Besucherinnen und -besucher nicht und brausen auf dem Weg zum Markt von Luino achtlos vorbei.
«Ein einziger Schilfhalm kann pro Tag sechs Liter Wasser filtern.» Wer mit Marco Nussbaum, Schiffsführer aus Magadino, auf den See hinausfährt, erfährt einiges. Er bringt seit fast 20 Jahren Interessierten das Leben am, auf und im Wasser am Nordende des Lago Maggiore näher. Mit seinem Boot kurvt er dann aussen um diese Auenlandschaft von internationaler Bedeutung herum. Hineinfahren und Crocodile Dundee spielen darf man nämlich nicht im Deltagebiet der Flüsse Ticino und Verzasca, zum Schutz der empfindlichen Tier- und Pflanzenwelt. Die Bolle ist das einzige Mündungsgebiet eines Flusses am südlichen Alpenrand – und zudem eines der wenigen in ganz Europa das im natürlichen Zustand erhalten geblieben ist. Sie bildet den Überrest einer Naturlandschaft, die sich einst bis ins Misox, Bleniotal und in die Leventina hinein erstreckte. Nach der Eindämmung des Ticino (1890) und dem Bau des Verzasca-Staudammes (1960) hat das Gebiet einen Grossteil seiner natürlichen Dynamik verloren. 1974 wurden 350 Hektaren unter Naturschutz gestellt. Der Begriff «Bolle» kommt übrigens von «bolla» (Blase), genauer Methangasblasen, die aus dem sumpfigen Seeboden an die Oberfläche steigen.
Gegen 300 Vogelarten werden gezählt, 60 brüten auch hier. Im Wasser leben bis 1,20 m lange Hechte, Forellen, Egli, Zander, Aale, zu Land viele Schlangen wie Kreuz- und Ringelnatter, Füchse, Dachse, Hirsche und Rehe, die sogar den Fluss durchschwimmen. Naturlehrpfade erlauben es, das Gebiet von innen her zu besichtigen, ohne dass die natürlichen Bewohner allzu sehr gestört werden.

Tipp | Um auf die Naturlehrpfade zu gelangen, gibt es drei Zugänge von Magadino her und einen aus dem Gebiet Tenero-Gordola. Sie sind mit mehrsprachigen Infotafeln versehen. Anmeldungen für geführte Besichtigungen und Bootsführungen unter Fondazione Bolle di Magadino, *bolledimagadino.com*.

Blick auf die Auenlandschaft Bolle di Magadino.

OBEN Was krabbelt denn da? **UNTEN** Naturlandschaft Bolle di Magadino.

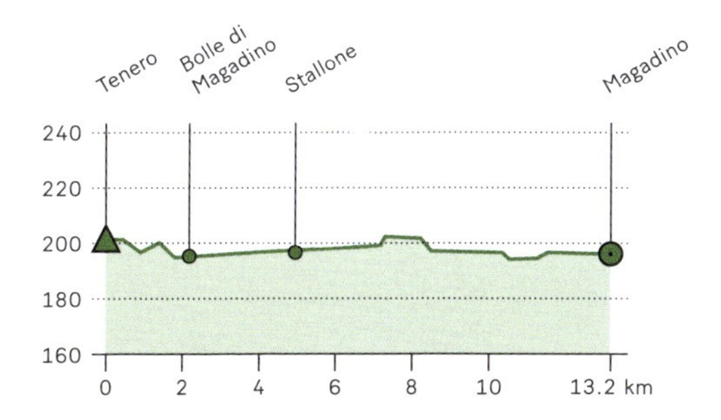

START Tenero.

ZIEL Magadino.

CHARAKTERISTIK Einfache, informative Spaziergänge auf angenehmen Naturlehrpfaden. Für alle Kinderwagentypen geeignet.

ANREISE Mit dem Zug nach Tenero.

RÜCKREISE Ab Magadino mit dem Schiff nach Locarno oder mit Zug oder Bus nach Bellinzona.

ROUTE Tenero Bahnhof – die Verzasca überqueren – Bograsso (Naturlehrpfad) – Stallone – Dammweg flussaufwärts entlang des Ticino, dann diesen beim Flugplatz überqueren – flussabwärts dem Ticino folgen bis Castellaccio (Naturlehrpfad) – Magadino.

AUSRÜSTUNG Fernglas, Mückenschutzmittel, evtl. Bestimmungsbuch für Pflanzen und Vögel, nach Regenzeiten evtl. Gummistiefel.

KARTEN LK 1:50 000, 266T Leventina, 276T Val Verzasca.

INFOS *bolledimagadino.com; ascona-locarno.com.*

RUND UM DEN LAGO RITÓM

Piora Hoch über der Leventina

Natur | Kultur | Familie | Kondition

160 m | 160 m | 9.5 km | 2 ¾ h |  T1

Schon allein die Anreise ins Ritomgebiet ist ein Erlebnis. Die Ritombahn, ursprünglich für den Bau des gleichnamigen Kraftwerks gebaut, saust heute mit Passagieren beladen an den Druckleitungen entlang. Auf einer Länge von 1369 Metern überwindet die unglaublich steile Bahn einen Höhenunterschied von 786 Metern und erreicht nach wenigen Minuten die Bergstation Piora auf 1793 m ü. M. Kinderwagen, Rollstühle und Velos finden ohne Probleme Platz in der Bahn. Oben angekommen, geniessen wir die wunderschöne Aussicht auf die Leventina. Von der Bergstation führt dann zunächst eine Asphaltstrasse in einer leichten Steigung bis hoch zur Staumauer. Hier wird der Lago Ritóm zur Stromproduktion genutzt.
Wer im Ritómgebiet wandert, bezieht neben dem Lago Ritóm meist noch den Lago di Tom und den Lago Cadagno in eine Wanderung mit ein. Denn im Val Piora liegen etliche Wasserwunder weit verstreut in der Landschaft – Bäche und Wasserläufe, Laghi und Laghetti. Diese Rundtour um den Lago Ritóm ist eine einfachere und kürzere Variante. Denn am linken Ufer des Lago Ritóm entlang geht es auch mit dem Kinderwagen, zumindest bis zum Wasserfall. Mit einem normalen Kinderwagen wandert man von dort am besten auf dem selben Weg zurück, oder noch ein Stück weiter zur Capanna Cadagno.
Für geübte Kinderwagenwanderer liegt mit einem geländegängigen Kinderwagen durchaus eine Seeumrundung drin. An einigen Stellen ist das Tragen des Kinderwagens aber unumgänglich. Trotzdem lohnt sich der Weg, der gleichzeitig auch ein Naturlehrpfad ist, für sportliche Eltern.

Tipp | Ohne Kinderwagen, aber mit wanderfreudigen Kindern, empfiehlt sich ein Abstecher zum Lago di Tom mit seinem wunderbaren, feinkörnigen Sandstrand. Das flache Ufer lädt zum Spielen und Planschen ein, man sollte daher die Badesachen mitnehmen.

Kinderwagengängig am Lago Ritom.

OBEN Ritombahn. **UNTEN** Durch einen Felsentunnel zum Ritomsee.

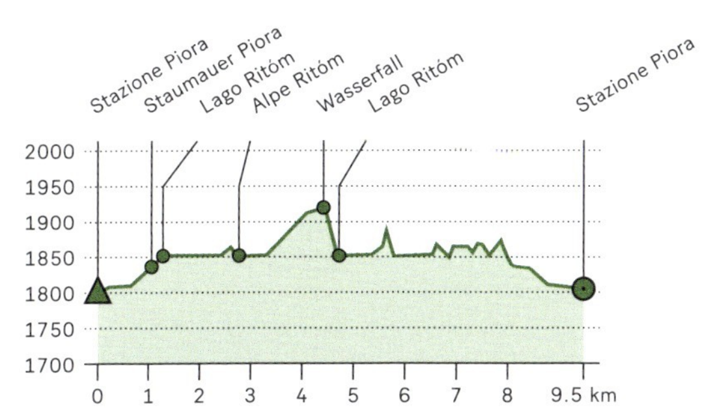

START/ZIEL Stazione Piora.

CHARAKTERISTIK Einfache Rundwanderung auf markierten Wegen. Von der Bergstation Piora führt eine Asphaltstrasse in einer leichten Steigung bis hoch zur Staumauer. Von der Staumauer aus gesehen am linken Ufer entlang auf dem kinderwagengängigen Weg bis zum Wasserfall. Mit einem normalen Kinderwagen kehrt man wieder um, mit einem geländegängigen Modell nun weiter am See entlang, bis man wieder die Staumauer erreicht.

AN-/RÜCKREISE Mit dem Zug bis Airolo, weiter mit Postauto bis Piotta und mit der Standseilbahn zur Bergstation Stazione Piora.

ROUTE Stazione Piora (1794 m) - Lago Ritóm (1852 m) - Alpe Ritóm (1858 m) - Wasserfall - Lago Ritóm (1850 m) - Stazione Piora (1794 m).

AUSRÜSTUNG Normale Wanderausrüstung, Sonnenschutz.

EINKEHREN Berggasthaus Lago Ritóm an der Staumauer, *lagoritom.ch*.

WANDERKARTE LK 1:50 000, 266T Valle Leventina.

INFOS *leventinaturismo.ch; ritom.ch; ticino.ch.*

PARADIESISCHE AUSSICHTEN

Lugano *Vom Parco Ciani nach Paradiso*

Natur

Kultur

Familie

Kondition

↑ 8 m ↓ 36 m → 3.7 km ⏱ 1 h ▶ T1

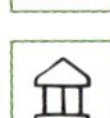
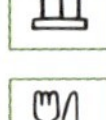

Ein Bummel durch Lugano beginnt am Hauptbahnhof. Hinunter in die Stadt geht es entweder zu Fuss oder in knapp zwei Minuten mit der geschichtsträchtigen Standseilbahn. Die Flanierzonen heissen Via Nassa und Piazza della Riforma, und dann kommt auch schon dieser schöne Park: Der Parco Ciani, auch Parco Civico genannt, ist die grüne Lunge der Stadt. Er wird von Einheimischen wie auch von Touristen gleichermassen geschätzt. Die von alten Bäumen gesäumten Spazierwege schlängeln sich zwischen Brunnen, Statuen und farbenprächtigen Blumenbeeten dahin. Es gibt Ruhebänke und für Kinder einen Spielplatz. Im Park stehen auch verschiedene Gebäude, wie etwa die historische Villa Ciani, der Palazzo dei Congressi (Kongresshaus) und das Museo Cantonale di Storia Naturale (kantonales Museum für Naturgeschichte).
Am Seeufer entlang flaniert man dann hinüber nach Paradiso mit seinem schönen Belvedere-Garten. Dabei spaziert man auch an den Landungsstegen der Schifffahrtsgesellschaft Lugano vorbei, die zahlreiche Fahrten anbietet. Mit der Standseilbahn geht es dann in 12 Minuten Fahrt auf den Monte San Salvatore. Er ist das Wahrzeichen der Stadt Lugano und ein Panoramaberg der Extraklasse.
Der San Salvatore bietet nicht nur herrliche Aussichten, sondern auch etliche Wanderwege, zum Beispiel einen Naturpfad, der sich für Familien, Kinder und Schulklassen eignet. Er führt mit geringen Höhenunterschieden zu schönen Aussichtspunkten. Am Weg befinden sich lustige und interaktive Schilder der Illustratorin Simona Meisser mit viersprachigen Texten. Auf dem Berg gibt es auch einen Spielplatz, und selbstverständlich lohnt sich auch der kurze Abstecher zum eigentlichen Gipfel mit seiner Aussichtsplattform.

Tipp | Erholsam und entspannend sind Schifffahrten im Golf von Lugano, z. B. zum hübschen Dorf Gandria und zum Schweizerischen Zollmuseum in Cantine di Gandria, *lakelugano.ch*.

Standseilbahn auf den Monte San Salvatore.

OBEN In der Via Nassa in Lugano. **UNTEN** Blick auf den Monte San Salvatore.

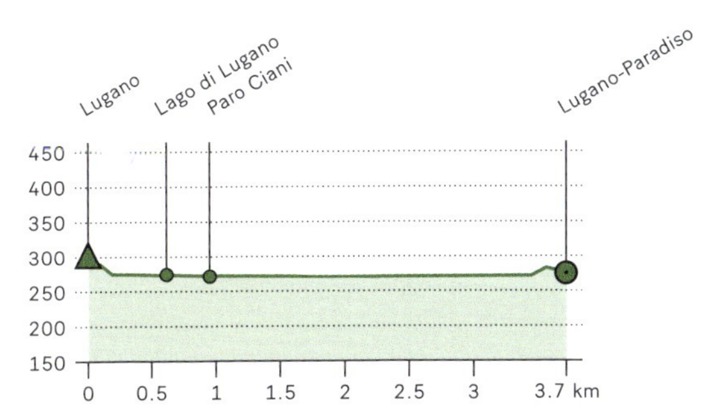

START Lugano.

ZIEL Lugano-Paradiso.

CHARAKTERISTIK Einfacher Spaziergang vom Bahnhof Lugano zunächst durch die Stadt, dann durch den Parco Ciani und schliesslich am Luganersee entlang nach Paradiso, wo man mit der Standseilbahn hinauf zum schönen Panorama fährt. Sämtliche Bereiche der Standseilbahn sind auch für Kinderwagen, Rollstuhl und körperbehinderte Personen zugänglich. Für alle Kinderwagentypen geeignet.

ANREISE Mit dem Zug nach Lugano, ab Lugano-Paradiso mit der Standseilbahn auf den Monte San Salvatore.

RÜCKREISE Von Lugano-Paradiso mit Zug oder Bus zum Hauptbahnhof, dort Bahnanschluss.

ROUTE Lugano, Hauptbahnhof – Via Nassa – Piazza della Riforma – Parco Ciani/Parco Civico – am Lago di Lugano entlang nach Paradiso – mit der Standseilbahn auf den Monte San Salvatore.

AUSRÜSTUNG Turnschuhwanderung.

EINKEHREN Restaurants in Lugano und Lugano-Paradiso; Restaurant auf Monte San Salvatore, *montesansalvatore.ch.*

WANDERKARTEN LK 1:50 000, 286T Malcantone. Ein Stadtplan von Lugano.

INFOS *luganoregion.com; ticino.ch.*

SPIEL- UND BADESPASS

Locarno *Vom Castello zum Lido*

Natur	Kultur	Familie	Kondition
■■□□□□	■■■■□□	■■■■■■	■□□□□□

▲ 20 m ▼ 20 m → 4.1 km ⏱ 2 h ▶ T1

Unser Stadtrundgang beginnt auf der Piazza Grande. Hier finden die bekannten Veranstaltungen statt, wie das Musikfestival Moon and Stars und das Internationale Filmfestival. Charakteristisch für die Piazza ist der Kopfsteinpflasterbelag, der dem wöchentlich stattfindenden Markt ein besonderes Flair verleiht. Das bunte Treiben lädt zum Staunen und Schauen ein, verkauft werden Taschen und Kleider, Schmuck und Handwerkskunst, Neues und Gebrauchtes. Zwischendurch stärkt man sich mit einer heissen Polenta zum Mitnehmen oder kehrt in eines der Restaurants ein. Beliebt ist auch die «Brocante», ein Antiquitätenmarkt, der Sammlerherzen höher schlagen lässt. Staunend stehen wir dann vor den Mauern des Castello Visconteo. Das Schloss von Locarno stammt aus dem 12. Jahrhundert und war einst eine mächtige Burganlage. Die heute zu besichtigenden Bauten stammen überwiegend aus dem 14. und 15. Jahrhundert, als das Schloss zu einer Festung ausgebaut wurde. Damals war das Castello auch direkt mit dem Hafen am See verbunden. An die Vergangenheit erinnern noch die zinnenbewehrte Ringmauer und der runde Eckturm, die freskengeschmückten Wände und der Innenhof mit Laubengang. Anschliessend flanieren wir am Ufer des Lago Maggiore entlang zum «Lido Locarno». Der moderne Bade-Komplex ist der Kontrast zu Castello und Kopfsteinpflaster. Im Sommer liegt man am Strand und auf den Liegewiesen und springt in die Schwimm- und Kinderbecken. Drinnen versprechen die Wasserrutschbahnen Tempo und rasante Abfahrten durch Röhren-, Trichter- und Loopingrutschen mit Licht- und Soundeffekten. Für den Rückweg kann man dann die Variante durch den Park Bosco Isolino wählen. Der dortige Spielplatz mit Rutschen, Schaukeln und Sandkasten sowie die Minigolfanlage versprechen noch einmal viel Kurzweil.

Tipp | Den Lago Maggiore und die mediterrane Landschaft vom Deck eines Schiffs der «Navigazione del Lago Maggiore» aus zu entdecken ist ein erholsames Erlebnis. Man kann zum Beispiel zu den Brissago-Inseln fahren, wo eine Schatzsuche für Kinder angeboten wird, *lakelocarno.ch*.

Rutschbahnspass beim Lido Locarno.

OBEN Spielpause am Weg. **UNTEN** Piazza Grande in Locarno.

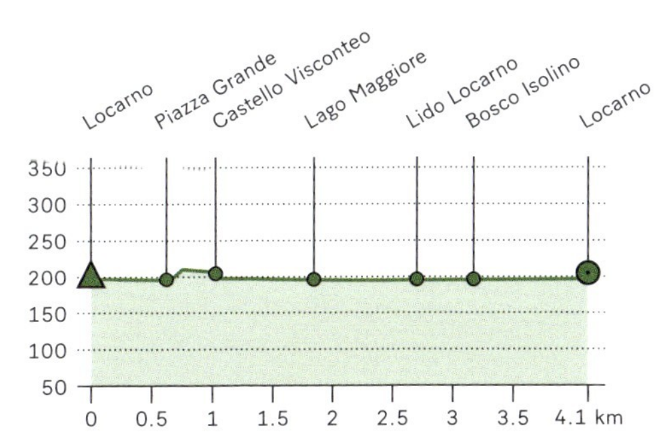

START/ZIEL Locarno.

CHARAKTERISTIK Einfacher Spaziergang vom Bahnhof Locarno zunächst durch die Stadt, dann am Lago Maggiore entlang zum Lido. Für alle Kinderwagentypen geeignet.

AN-/RÜCKREISE Mit dem Zug nach Locarno.

ROUTE Locarno (198 m) - Piazza Grande - Castello Visconteo - am Ufer des Lago Maggiore entlang zum «Lido Locarno» - Bosco Isolino - Bahnhof Locarno.

AUSRÜSTUNG Turnschuhwanderung, Sonnenschutz, Badesachen

EINKEHREN Restaurants in Locarno, Restaurant Blu beim Lido, *blu-locarno.ch.*

WANDERKARTEN LK 1:50 000, 276T Val Verzasca. Ein Stadtplan von Locarno.

INFOS *ascona-locarno.com; ticino.ch.*

AUF DEM ROTTENWEG

Obergoms *Von Oberwald nach Niederwald*

Natur

Kultur

Familie

Kondition

43 m | 180 m | 19.1 km | 5 h | T1

«Die Strasse überschreitet zweimal die Rhone, die brausend zwischen Felsen hinabstürzt, und senkt sich dann am rechten Ufer in grossen Kehren, die der Fussgänger abschneiden kann, durch Arven- und Tannenwald nach Oberwald, wo sie die Talsohle des Oberwallis erreicht, ein weites Wiesental, von einförmigen Bergketten begrenzt. Bis vor Fiesch erblickt man vor sich stets die Pyramide des Weisshorns, von Ulrichen ab rückwärts den Galenstock.» Schon der Baedecker empfiehlt in einer Ausgabe aus dem Jahre 1913 eine Reise durch das Goms. An den schönen Aussichten hat sich bis heute nichts geändert. Erst recht nicht auf dem Rottenweg: Vorne das Weisshorn, im Rücken der Galenstock, und im Tal reihen sich die schönen Dörfer mit den alten Obergommer Häusern und einladenden Restaurants aneinander. Denn auch die Gastfreundschaft wird im Goms gross geschrieben. Schliesslich stammt der berühmte Hotelpionier Cäsar Ritz aus dem Obergommer Bergdorf Niederwald.
Wichtiger Zubringer ins Goms ist die Matterhorn-Gotthard-Bahn. Die Züge halten in jedem Dorf, was diese Wanderung erst recht zu einem Vergnügen macht: Je nach Zeit, Lust und Laune kann man die Wanderung verkürzen und in den nächsten Zug einsteigen. Nicht nur als Kinderwagen-Wanderung ist die Strecke beliebt, auch viele Velofahrer sind hier im Talboden unterwegs.
Der Rottenweg verläuft stets angenehm an der jungen Rhone entlang, mal über Wiesen, mal durch lichte Wälder, und verbindet die Dörfer entlang des Talbodens miteinander. Schwierig zu sagen, welches das schönste von ihnen ist. Soll man in Ulrichen, Münster oder in Reckingen einen längeren Halt machen? Oder doch an der jungen Rhone? Denn es gibt auf dem Rottenweg etliche hübsche Picknickplätze, um für die Kinder die Krabbeldecke auszubreiten.

Tipp | Etliche Spielplätze kann man in die Wanderung integrieren, z. B. den Robinsonspielplatz in Oberwald oder die Erholungs- und Freizeitanlage in Münster. Im Sommer lockt der Geschinersee bei Geschinen zum Baden. Um den See führt auch ein kinderwagen- und rollstuhlgängiger Weg.

Kinderwagenwandern mit Matterhorn-Gotthard-Bahn.

OBEN Kinderwagenfreundliche Uferwege an der Rhone. **UNTEN** Kühe begrüssen.

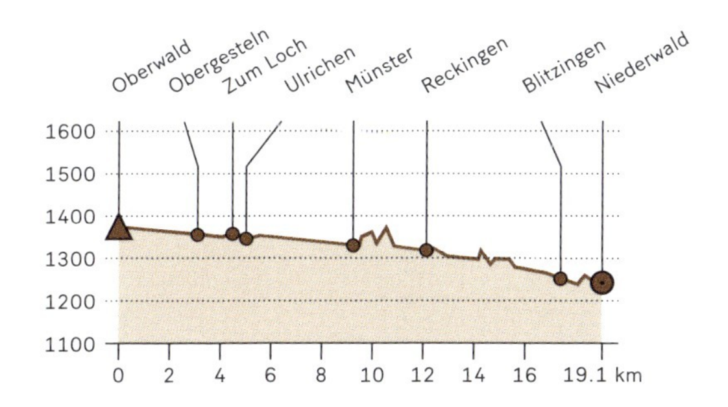

START Oberwald.

ZIEL Niederwald.

CHARAKTERISTIK Einfache Wanderung im Talboden des Obergoms auf markierten Wegen. Für alle Kinderwagentypen geeignet.

ANREISE Mit der Matterhorn-Gotthard-Bahn nach Oberwald.

RÜCKREISE Mit der Matterhorn-Gotthard-Bahn ab Niederwald.

ROUTE Oberwald (1366 m) – Obergesteln/Cholplatz (1354 m) – Zum Loch (1358 m) – Ulrichen (1345 m) – Münster/Rottenbrücke (1329 m) – Reckingen (1317 m) – Blitzingen (1290 m) – Niederwald (1251 m).

AUSRÜSTUNG Normale Wanderausrüstung, Sonnenschutz.

EINKEHREN Restaurants in allen Dörfern am Weg.

WANDERKARTE LK 1:50 000, 265T Nufenenpass.

INFOS *obergoms.ch; valais.ch.*

BADEN GEHEN

Visp *An der Rhone entlang nach Brig*

Natur

Kultur

Familie

Kondition

↑ 29 m ↓ 5 m → 13.2 km ⏱ 3 ¼ h ▶ T1

Seit der Inbetriebnahme des Lötschberg-Basistunnels hat sich Visp zu einem wichtigen Bahnknotenpunkt entwickelt. Hier steigt man nicht aus, sondern um: Auf die Matterhorn-Gotthard-Bahn (nach Zermatt) oder ins Postauto (nach Saas-Fee). Doch Visp ist mehr als nur Umsteigestation: Die überschaubare Altstadt kann mittels Audioguide entdeckt werden, und die hübschen Gassen verlocken zum Bummeln. Nach zeitlich individuellem Stadtrundgang geht es an der Rhone entlang Richtung Brig. Auf der Strecke liegt Brigerbad. Fast unbemerkt versteckt sich der Ort am südexponierten Hangfuss des Rhonetals. Wäre da nicht das schöne Bad. Es ist das grösste Freiluft-Thermalbad der Schweiz. Sechs Thermalbecken im Freien mit einer Wassertemperatur zwischen 27 und 37°C lassen keine Wünsche offen. Da gibt es ein Thermalflussbad, ein Thermal-Grottenschwimmbad und für Kinder eine 182 Meter lange Thermalwasser-Rutschbahn. Überhaupt kann man mit den Kindern im Brigerbad an einem schönen Sommertag lange verweilen. Neben dem Kinderplanschbecken gibt es noch eine schwimmende Hindernisbahn, die einzige Wibit-Wasserattraktion im Oberwallis.
Blickfang in Brig ist dann der Stockalperpalast. Kaspar Jodok von Stockalper liess ihn zwischen 1658 und 1678 errichten. Stockalper war im 17. Jahrhundert der mächtigste Mann im Wallis. Vor allem der Salzhandel begründete seinen Reichtum. Das «weisse Gold» war damals eines der wichtigsten Konsumgüter. Stockalper liess auch den mittelalterlichen Weg über den Simplonpass ausbauen. Im Verlauf dieser Handelsroute entstanden viele Gebäude, die noch heute genutzt werden, wie etwa das Hospiz auf der Passhöhe oder der Stockalperturm in Gondo. Das Museum im Stockalperpalast zeigt das Leben des «Salzkönigs».

Tipp | Eine lange Wasser-Rutschbahn, ein 50-Meter-Schwimmbecken, ein Beach Volleyball-Feld, ein Kinderplanschbecken mit kleiner Rutschbahn und vieles mehr bietet das Freibad Geschina in Brig. Die windgeschützte Dachterrasse mit der PublicBar ist auch für Nicht-Badegäste zugänglich, *brig-glis.ch.*

Wasserspass im Brigerbad.

OBEN In der Altstadt von Brig. **UNTEN** Stockalperpalast in Brig.

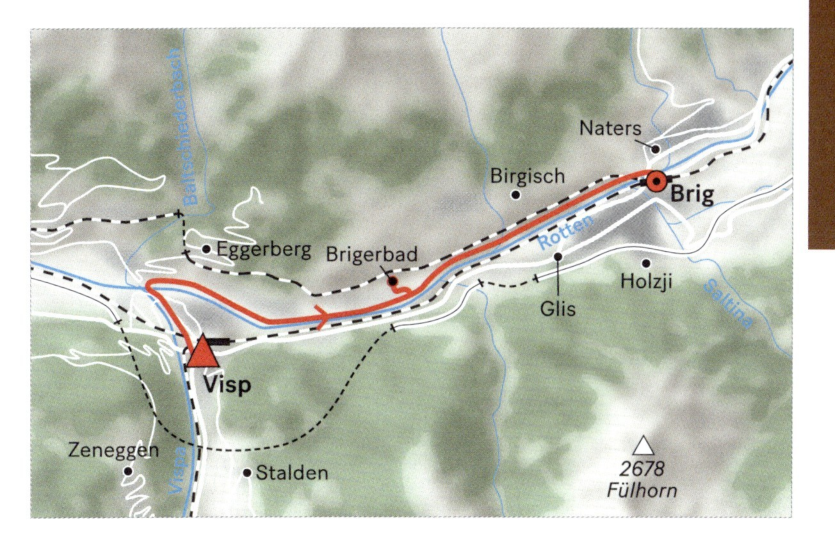

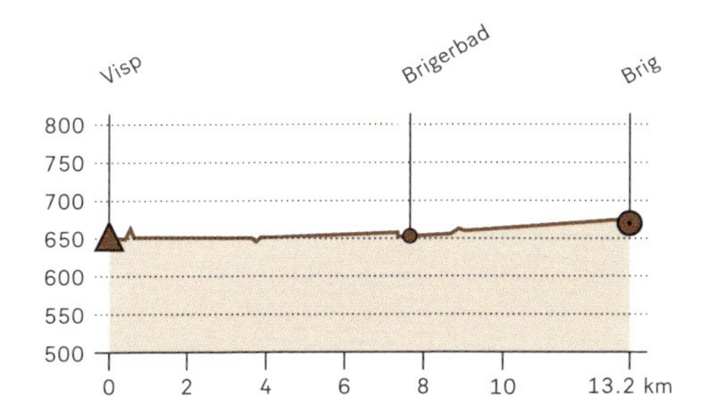

START Visp.

ZIEL Brig.

CHARAKTERISTIK Einfache Wanderung auf markierten Wegen entlang der Rhone auf Asphalt- und Naturwegen. Gelbe Wegweiser. Für alle Kinderwagentypen geeignet. Kann auch abgekürzt werden (Bushaltestelle in Brigerbad).

ANREISE Mit dem Zug nach Visp.

RÜCKREISE Mit dem Zug ab Brig.

ROUTE Visp (647 m) – Brigerbad (652 m) – Brig (678 m).

AUSRÜSTUNG Leichte Wanderausrüstung, Sonnenschutz, im Sommer Badesachen.

EINKEHREN Restaurants in Visp und Brig. Bistro und Restaurant im Brigerbad, *thermalbad-wallis.ch.*

WANDERKARTE LK 1:50 000, 274T Visp.

INFOS *vispinfo.ch; brig-simplon.ch; valais.ch.*

KNUDDELALARM BEI BARRY

Martigny *Bernhardinermuseum Barryland*

Natur	Kultur	Familie	Kondition
■□□□□□	■■■■■■	■■■■■■	■□□□□□

↑ 75 m ↓ 75 m → 7.2 km ⏱ 2 h ▶ T1

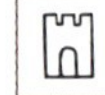

Bernhardinerhunde sind richtige Knuddeltiere, denen niemand widerstehen kann. Fast niemand. Andrina und Zaira trauen sich nämlich noch nicht so recht. Sind die Bernhardiner noch kleine Wollbündel, kein Problem, sind sie aber wie Mutter Barry 90 Zentimeter gross und wiegen bis 65 Kilo, dann schon. Da hilft dann auch ihr treuherziger Blick nicht darüber hinweg. Doch vor allem der Kleinen wegen sind wir heute nach Martigny gepilgert, ins Barryland. Wenige Wochen alt sind die Welpen erst, und heute ist ihr erster Besuchstag. Doch die knuddeligen Bündel sind noch scheu, strecken nur kurz ihre Schnauzen aus dem Häuschen. In ein paar Wochen wird das anders sein, dann werden sie zwar noch ungeschickt herumtollen und verspielt um die Vorherrschaft balgen, stets gut beobachtet von ihrer Mutter. Dann wird sich der Besuch hier sogar noch mehr lohnen als heute. Und wenn die Hunde zu festgesetzten Zeiten dem staunenden Publikum präsentiert werden, dürfen sie dann auch gestreichelt werden.
Wer übrigens genau hinschaut, stellt fest, dass es kurz- und langhaarige Hunde gibt. Die kurzhaarigen wurden aber nicht geschoren, sondern es handle sich dabei um unterschiedliche Rassen, erfährt man im Haus der Fondation Barry. Zaira und Andrina interessieren solche Sachen inzwischen nicht mehr wirklich. Denn sie haben im obersten Stock des Hauses jede Menge Spiele entdeckt. Vor allem eine riesige Kugelibahn hat es ihnen angetan. Davon konnte sie im ersten Stock auch das mit Hunden, vor allem Hundebildern, voll gespickte Museum nicht mehr abhalten. Den Besuch im Barryland kann man wunderbar mit einem kinderwagengängigen Stadtrundgang verbinden. Gleich neben dem Barryland liegt das römische Amphitheater. Es ist der perfekte Startpunkt, um auf römischen Spuren durch Martigny zu wandeln.

Tipp | Wer einmal mit den Bernhardinern spazieren möchte, sollte auf die Passhöhe des Grossen Sankt Bernhard fahren. Dort drehen die Hunde Wanderrunden mit Gästen, dies in Begleitung von Betreuern. Im Frühling ist das auch in Martigny möglich. Die Touren sind mit Kindern ab acht Jahren möglich.

Bernhardiner streicheln im Barryland.

OBEN Andrina und Zaira haben Spass am Barrybrunnen. **UNTEN** Im Barrymuseum.

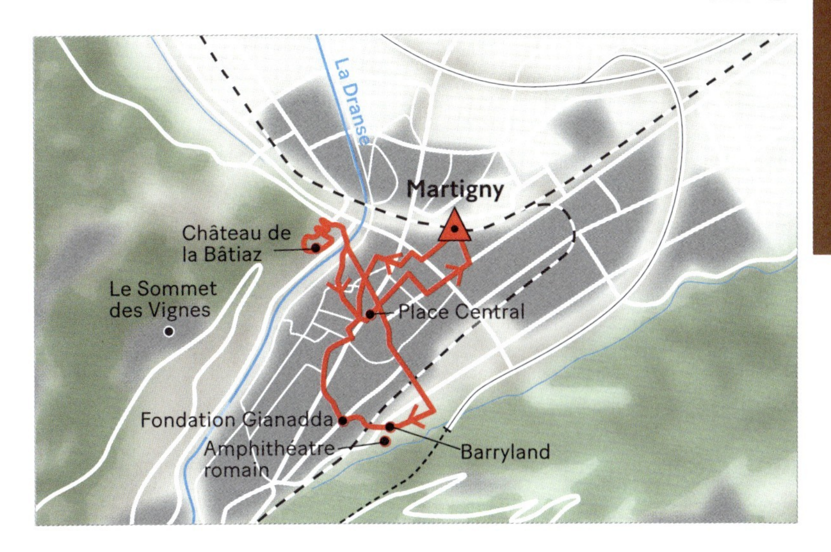

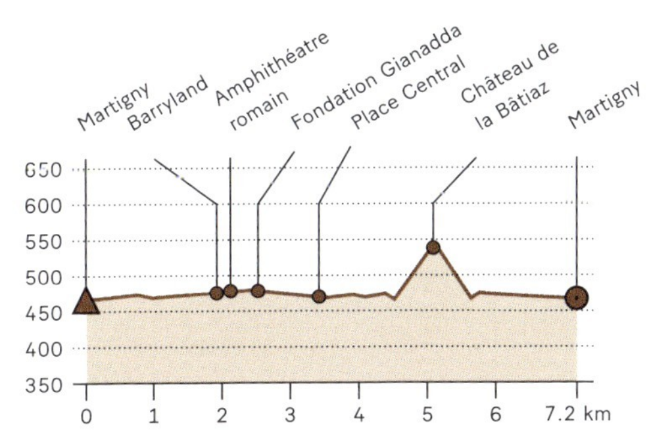

START/ZIEL Martigny.

CHARAKTERISTIK Einfacher, individueller Stadtrundgang durch Martigny mit Besuch im Barryland. Für alle Kinderwagentypen geeignet. Sämtliche Ausstellungsbereiche des Museums sowie der Shop und das Restaurant sind rollstuhlgängig. Einige der Ausstellungsbereiche sind per Rollstuhl aber nur über Lifte erreichbar – das Personal unterstützt gerne.

AN-/RÜCKREISE Mit dem Zug nach Martigny.

ROUTE Individuell oder z. B.: Martigny Bahnhof (471 m) – Barryland (475 m) – Amphithéatre romain (475 m) – Fondation Gianadda – Place Central (475 m) – Château de la Bâtiaz (540 m) – Bahnhof.

AUSRÜSTUNG Turnschuhwanderung.

EINKEHREN Restaurants in Martigny. Restaurant «Café de Barry» im Barryland, *barryland.ch*.

WANDERKARTE LK 1:50 000, 282T Martigny. Ein Stadtplan von Martigny.

INFOS *martigny.com; fondation-barry.ch; valais.ch.*

REBEN UND SEEN IM RHONETAL

Sierre *Durch die historischen Viertel*

Natur

Kultur

Familie

Kondition

96 m

96 m

→ 5 km

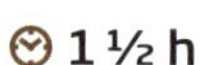
1 ½ h

T1

Sierre, auf deutsch Siders, liegt im Rhonetal, nahe bei Sion und unterhalb des bekannten Ferienortes Crans-Montana. Der grösste Teil des Ortes liegt am Nordufer der Rhone, so auch die Altstadt. Ein Stadtrundgang beginnt praktischerweise beim Bahnhof, wo sich auch das Tourismusbüro befindet. Die Broschüre «Sierre – die Geschichte der historischen Viertel» erleichtert den Rundgang. Sie enthält einen Kartenausschnitt mit den wichtigsten Sehenswürdigkeiten, die mit Zahlen durchnummeriert sind. Man beginnt im Viertel «du Bourg», bestaunt dort das Rathaus, das Schloss und die Sankt-Catherine-Kirche und geht dann durch die Rue du Bourg zum Tservetta-Viertel mit der Kirche Notre-Dame des Mairais. Über die Rue de Tservetta gelangt man ins Muraz-Viertel mit dem Schloss Mercier, ehe man über das Villa-Viertel mit der Kapelle Sankt-Ginier und dem Château de Villa wieder zurück zum Bahnhof spaziert. Selbstverständlich kann man den Rundgang auch individuell ohne Broschüre begehen.

An warmen Sommertagen ist für Familien der Lac de Géronde, zu Deutsch Gerundensee, ein schönes Ausflugsziel. Er ist umgeben von Hügeln, Weinbergen und Bäumen und wird im Sommer zum Badesee mit Strand und Liegewiese. Der Gerundensee befindet sich etwas ausserhalb des Stadtzentrums und ist vom Bahnhof in wenigen Minuten zu Fuss erreichbar und kann so auch in den Stadtrundgang integriert werden. Den Kleinsee kann man am Ufer entlang in einer knappen halben Stunde umrunden. Das Gebiet des Gerundensees wird noch durch zwei Seen geringerer Grösse ergänzt, die «Petits lacs» (kleine Seen), die ebenfalls einen Abstecher lohnen.

Tipp | Im Weinmuseum gibt es für Familien mit Kindern ab 8 Jahren eine spezielle Museumsführung mit «Herr Neugierig», an deren Ende auf die Kinder eine Belohnung wartet. Und auf dem kinderwagengängigen Rebweg von Sierre nach Salgesch können sich Familien auf Schatzsuche begeben, *museeduvin-valais.ch.*

Blick von Sierre über die Rebberge hinauf Richtung Crans-Montana.

OBEN Kinderwagenpiloten brauchen auch eine Pause. **UNTEN** Rathaus in Sierre.

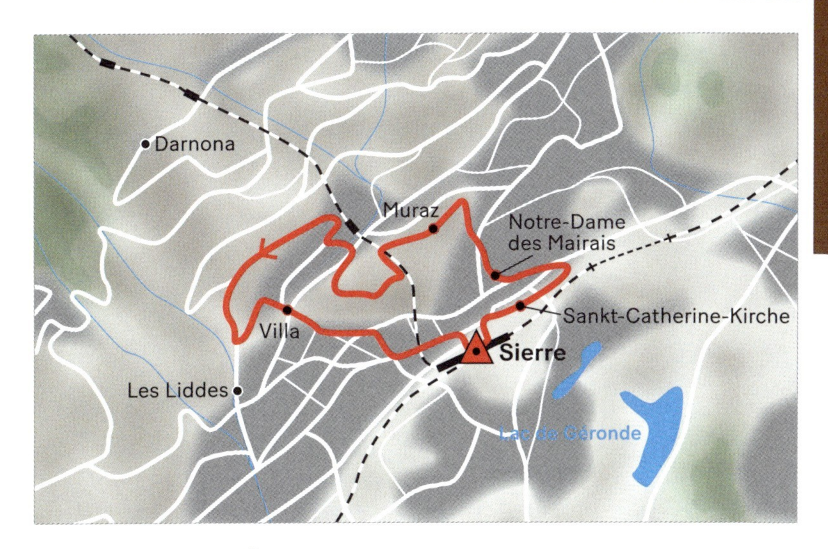

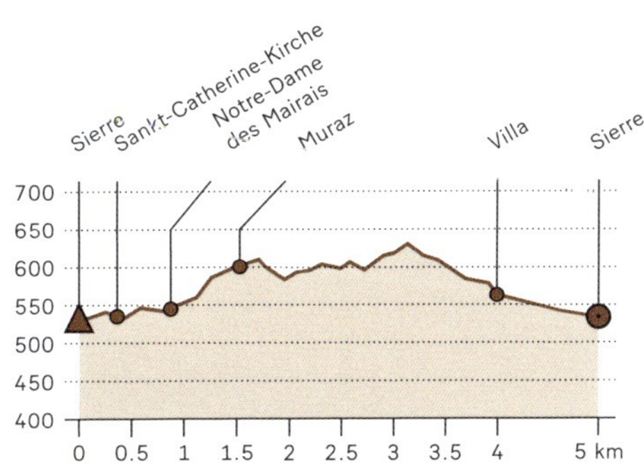

START/ZIEL Sierre.

CHARAKTERISTIK Einfacher Stadtrundgang auf Asphalt durch die historischen Viertel von Sierre. Kann man auch mit einem Spaziergang durch die Rebenlandschaft verbinden. Für alle Kinderwagentypen geeignet.

AN-/RÜCKREISE Mit dem Zug nach Sierre.

ROUTE Sierre Bahnhof/Tourismusbüro (533 m) – Rathaus – Vidômes-Schloss – Sankt-Catherine-Kirche – Rue du Bourg – Tservetta-Viertel – Kirche Notre-Dame des Mairais – Remouage-Haus – Rue de Tservetta – Muraz-Viertel – Château Mercier –Villa-Viertel – Kapelle Sankt-Ginier – Château de Villa – Bahnhof Sierre.

AUSRÜSTUNG Leichte Wanderausrüstung, Sonnenschutz, im Sommer Badesachen.

EINKEHREN Restaurants in Sierre. Restaurant im Château de Villa, *chateaudevilla.ch.*

WANDERKARTE LK 1:50 000, 273T Montana. Die Broschüre «Sierre – die Geschichte der historischen Viertel» ist beim Tourismusbüro erhältlich.

INFOS *sierretourisme.ch; museeduvin-valais.ch, valais.ch.*

UNTERSEENER UFERWEG

Thunersee *Naturschutzgebiet Weissenau*

■■■■□□	■■■■□□	■■■■■■	■■□□□□
Natur	Kultur	Familie	Kondition

↑ 5 m **↓ 8 m** **→ 4.9 km** **⏱ 1 ¼ h** **▶ T1**

Diese gemütliche Wanderung von Interlaken nach Unterseen ist das ganze Jahr über möglich. Sie gehört zu den von SchweizMobil speziell gekennzeichneten «Hindernisfreien Wegen». Vom Bahnhof Interlaken-West führt der Weg zunächst über die Aare nach Unterseen, dann auf abwechslungsreichem Uferweg entlang der Aare an den Thunersee. Nebst den glitzernden Gewässern, lichten Waldstücken und schönen Alleen mit alten Baumbeständen sind die Burgruine Weissenau, die unter Denkmalschutz steht, sowie das stille Naturschutzgebiet Weissenau-Neuhaus die Blickfänge. Ein grösserer Abschnitt des Uferweges führt nun durch dieses Schutzgebiet – eine parkähnliche Landschaft mit Wald, Gebüschgruppen und offenen Riedflächen. Diese seichte Uferzone mit grossem Schilfgürtel ist am sonst an Flachufern armen Thunersee für Wasservögel besonders anziehend, sodass hier schon über 200 Vogelarten festgestellt worden sind.

Am Ziel in Neuhaus kann man auf der Wiese oder auf Sitzbänken noch lange verweilen und auch im dortigen Restaurant einkehren. Im Sommer ist natürlich das Strandbad der perfekte Ort, um mit Baden und Planschen im Thunersee den Tag ausklingen zu lassen. Ebenfalls gibt es in Neuhaus eine Schiffsanlegestelle der Thunersee-Schifffahrt. Oder es geht mit dem Bus in wenigen Minuten zurück nach Unterseen oder Interlaken. Gemütlich bummelt es sich in Unterseen, etwas belebter im bekannten Interlaken.

Tipp | In der sehenswerten Altstadt von Unterseen ist im alten Pfarrhaus in der Oberen Gasse das Tourismusmuseum beheimatet. Es zeigt die 500-jährige Tourismusgeschichte des alpinen Tourismus in der Schweiz, *tourismuseum.ch*.

Im Naturschutzgebiet Weissenau mit Blick auf Thunersee und Niesen.

OBEN Steg über die Aare. **UNTEN** Der Unterseener Uferweg ist barrierefrei.

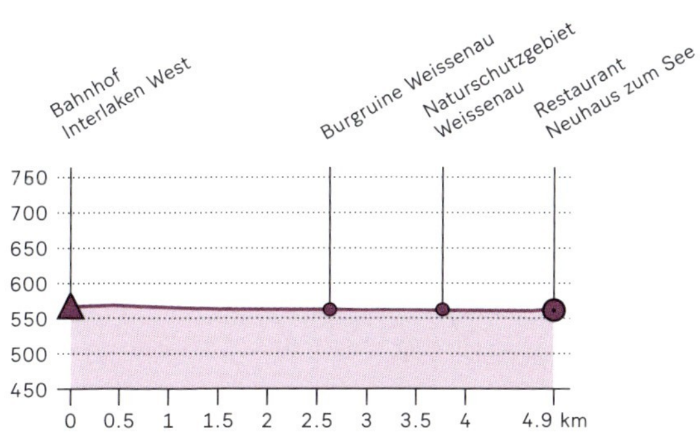

START Bahnhof Interlaken West.

ZIEL Unterseen, Restaurant Neuhaus zum See.

CHARAKTERISTIK Einfache Wanderung auf markierten Wegen. Gelbe Wegweiser; zusätzlich Wegweiser mit grünem Quadrat und der Routennummer 449 «Unterseener Uferweg» (barrierefrei). Für alle Kinderwagentypen geeignet.

ANREISE Mit dem Zug nach Interlaken West.

RÜCKREISE Mit dem Bus vom Restaurant Neuhaus zum See in etwa 15 Minuten zurück nach Interlaken West, dort Bahnanschluss.

ROUTE Vom Bahnhof Interlaken-West (563 m) über die Aare Richtung Unterseen (567 m), dann entlang der Aare bis kurz vor die Mündung in den Thunersee beim Wegweiser Ruine Weissenau (559 m). Nun dem Weg durch das Naturschutzgebiet Weissenau folgen bis Neuhaus (560 m).

AUSRÜSTUNG Leichte Wanderausrüstung, Sonnenschutz, im Sommer Badesachen.

EINKEHREN Restaurant Neuhaus zum See, *hotel-neuhaus.ch.*

WANDERKARTE LK 1:50 000, 254T Interlaken.

INFOS *interlaken.ch; thunersee.ch.*

SPAZIERGANG AM THUNERSEE

Spiez Strandweg nach Faulensee

Natur

Kultur

Familie

Kondition

↑ 5 m ↓ 5 m → 2.4 km ¾ h

T1

«Unten am See zieht sich ein Weg dem Ufer entlang, schön im Schatten, der eignet sich auch bestens für Gespräche oder einen Spaziergang.» Schon Sepp Herberger, von 1936-1964 Trainer der deutschen Fussballnationalmannschaft, kam auf dem Strandweg von Spiez nach Faulensee auf gute Gedanken. So ist denn der Spiezer Strandweg unweigerlich mit der deutschen WM-Mannschaft verbunden, die 1954 im Spiezer Hotel Belvédère logierte und in Bern sensationell Weltmeister wurde. Infotafeln am Strandweg lassen Herberger, Fritz Walter und Helmut Rahn zu Wort kommen.

Der Strandweg von Spiez nach Faulensee ist einer der meist begangenen Wege am Thunersee. Das verwundert nicht, denn auf diesem herrlichen Spazierweg lässt es sich wunderbar entspannen. Die kurze Wanderung lässt vor Beginn sogar zeitlich noch einen Abstecher zum Schloss zu, zum Geniessen von Ausstellungen und Schlossgarten. Von der Spiezer Bucht geht man dann immer am Ufer entlang bis nach Faulensee. Mächtige Bäume lassen ihre Äste in den See hängen, sorgen an manchen Stellen für wahre Baumtunnels. Sitzbänke und lauschige Stellen wie etwa das Schattenbad laden zum Ausruhen ein. Apropos Sitzbänke: Zum 100-jährigen Jubiläum des Strandweges wurden im Jahr 2014 die über 50 Sitzbänke erneuert. Weisheitssprüche laden zum Philosophieren und Schmunzeln ein. Auch säumen Skulpturen den Weg, und beim Schattenbad wurde ein Erlebnisweg geschaffen. Kurz vor Faulensee erreicht man den Fischereistützpunkt, und auf Kinder wartet ein toller Spielplatz in der «Piratenbucht». Zurück nach Spiez kommt man dann wahlweise mit Zug oder Bus, doch ganz schön ist es natürlich mit dem Schiff – oder man wandert auf dem hübschen Weg einfach wieder zurück.

Tipp | Mit den Kindern sollte man im Sommer unbedingt das Spiezer Frei- und Seebad besuchen. Es hat u.a wunderschöne Liegewiesen, ein Kinderplanschbecken und die längste Wasserrutschbahn im Berner Oberland, *freibadspiez.ch.*

Schloss Spiez am Thunersee.

OBEN Auf dem Strandweg von Spiez nach Faulensee. **UNTEN** Frei- und Seebad Spiez.

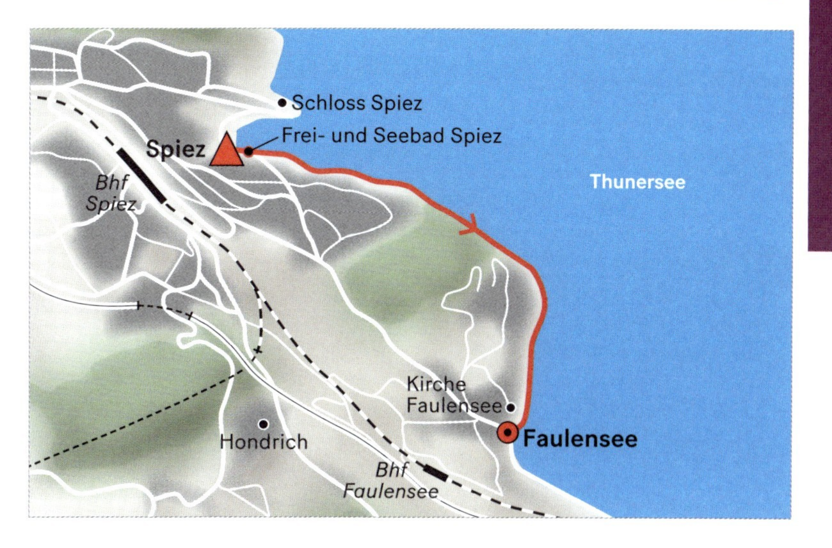

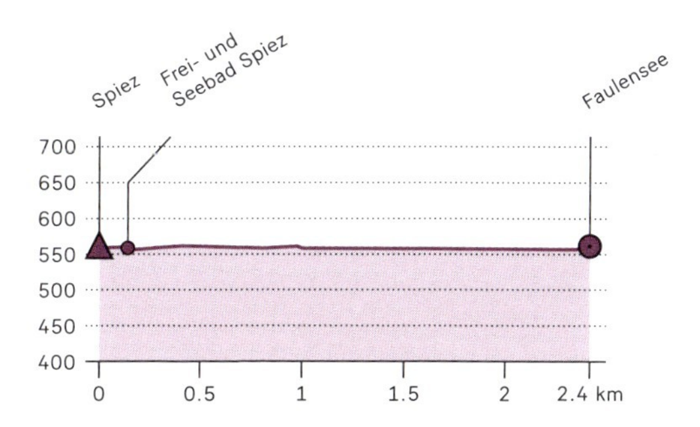

START Spiez.

ZIEL Faulensee.

CHARAKTERISTIK Einfache Wanderung auf markiertem Uferweg. Gelbe Wegweiser. Für alle Kinderwagentypen geeignet.

ANREISE Mit dem Zug nach Spiez.

RÜCKREISE Von Faulensee mit Bus, Zug oder Schiff zurück nach Spiez.

ROUTE Vom Bahnhof Spiez (628 m) entweder zu Fuss (etwa 15 Minuten) oder mit dem Spiezer Zügli (im Sommer) hinunter in die Bucht. Nun einfach dem markierten Strandweg am Ufer entlang bis nach Faulensee (560 m) folgen.

AUSRÜSTUNG Leichte Wanderausrüstung, Sonnenschutz, im Sommer Badesachen.

EINKEHREN Restaurants in Spiez und Faulensee.

WANDERKARTEN LK 1:50 000, 253T Gantrisch, 254T Interlaken.

INFOS *spiez.ch; schloss-spiez.ch; thunersee.ch.*

ZWEI INSELN IM SEE

***Thun** Vom Kleist-Inseli zum Grunderinseli*

■■■■■□	■■□□□□	■■■■■■	■□□□□□
Natur	**Kultur**	**Familie**	**Kondition**

▲ 4 m **▼ 2 m** **→ 5 km** **◷ 1½ h** **▶ T1**

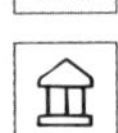

«Jetzt leb' ich auf einer Insel in der Aare am Ausfluss des Thunersees, recht eingeschlossen von Alpen, eine Viertelmeile von der Stadt.» So schreibt der Dichter Heinrich von Kleist im Mai 1802 an seine Schwester Ulrike. Kleist lebte 1802 und 1803 für einige Zeit in Thun, genauer: auf der obersten Insel der baumbestandenen Scherzlig-Inselgruppe, vor den Toren der Stadt am Thunersee, zwischen Aarebecken und Schiffskanal. Seit 2011, dem 200. Todestag von Heinrich von Kleist, heisst die oberste Insel offiziell «Kleist-Inseli». Der Weg vom Bahnhof Thun hierher dauert nur wenige Minuten, dabei kommt man auch am Kleist-Denkmal vorbei. Es zeigt den Prinzen von Homburg aus dem gleichnamigen Schauspiel von Heinrich von Kleist. Neben dem Kleist-Inseli liegt im Thunersee noch eine weitere romantische Insel: das Grunderinseli. Dorthin führt diese gemütliche Kinderwagenwanderung, zunächst am Bahnhof und an der Schiffsanlegestelle vorbei, dann hinaus zum Schaudaupark. Man spaziert durch den Park mit seinem Schloss und dem reichen Baumbestand und erreicht kurz darauf das Thuner Strandbad. Ein Besuch und ein Bad seien empfohlen, von der Liegewiese hat man einen tollen Blick auf Eiger, Mönch und Jungfrau. Gleich neben dem Strandbad befindet sich das Grunderinseli. Die kleine Insel ist durch einen Fussgänger-Holzsteg mit dem Festland verbunden. Es gibt dort Feuerstellen, Sitzbänke, Picknicktische und vor allem eine herrliche Aussicht über den Thunersee, zum Schloss Oberhofen und zu den Berner Alpen. Wer noch Lust hat, kann die Wanderung beliebig verlängern, in dem man vom Grunderinseli weiter durch den Bonstettenpark bis Gwatt (Bushaltestelle, regelmässige Verbindungen zurück zum Bahnhof Thun) spaziert.

Tipp | Die kurze Wanderung lässt davor noch Zeit für eine Stadtbesichtigung von Thun, inkl. Aufstieg zum Schloss, oder danach für ein erfrischendes Bad im Thunersee. Mit Kindern geht man vornehmlich ins Thuner Strandbad mit u.a. grosszügiger Liegewiese, Kleinkinderbecken und Spielplatz.

Das Grunderinseli im Thunersee.

OBEN Kurzweiliges Zugfahren. **UNTEN** Am Thunersee mit Blick auf das Stockhorn.

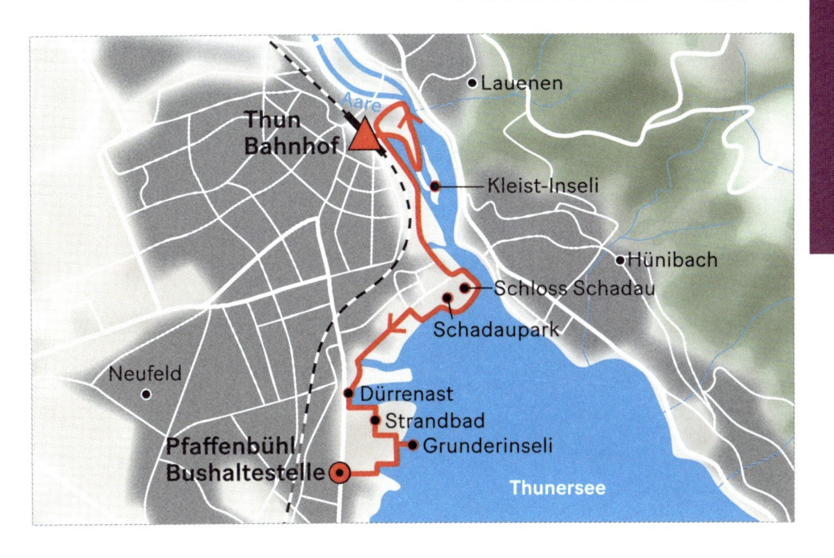

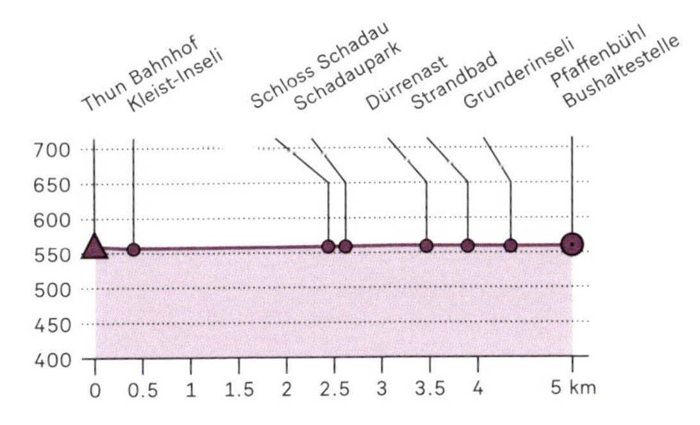

START Thun Bahnhof.

ZIEL Thun Pfaffenbühl, Bushaltestelle.

CHARAKTERISTIK Einfache Wanderung auf markiertem Uferweg. Gelbe Wegweiser. Für alle Kinderwagentypen geeignet.

ANREISE Mit dem Zug nach Thun.

RÜCKREISE Von der Bushaltestelle Pfaffenbühl mit dem Bus in wenigen Minuten zum Bahnhof Thun, dort Bahnanschluss.

ROUTE Thun Bahnhof (560 m) – Kleist-Inseli – Bahnhof – Schadaupark – Dürrenast (559 m) – Strandbad Thun – Grunderinseli – Pfaffenbühlweg – Pfaffenbühl, Bushaltestelle.

AUSRÜSTUNG Leichte Wanderausrüstung, Sonnenschutz, im Sommer Badesachen.

EINKEHREN Restaurants in Thun und beim Strandbad Thun, *strandbadthun.ch.*

WANDERKARTE LK 1:50 000, 253T Gantrisch.

INFOS *thun.ch; thunersee.ch.*

NATURPARADIES ENGSTLIGENALP

Adelboden *Auf dem Läger-Rundwanderweg*

■■■■■■ Natur	■■□□□□ Kultur	■■■■■■ Familie	■□□□□□ Kondition

↑ 26 m ↓ 26 m → 4.4 km ⏲ 1 h ▶ T1

Die Engstligenalp hoch über Adelboden ist ein Naturparadies. Über die flache Hochebene führt der kinderwagengängige Läger-Rundwanderweg mit Blick auf den nahen Wildstrubel. Von der Talstation Unter dem Birg schwebt man zunächst mit der Engstligenalpbahn bequem hinauf, dabei geniesst man aus der Gondel eine gute Sicht auf die gischtspritzenden Engstligenfälle. Die Engstligenalp ist vor allem Ausgangspunkt für Passwanderungen, z. B. über den Ammertenpass in Richtung Lenk oder über den Chindbettipass in Richtung Kandersteg, oder für eine Gipfeltour auf den Ammertenspitz. Doch die Hochebene, sie gehört zu den Kulturlandschaften und Auengebieten von nationaler Bedeutung, eignet sich auch wunderbar zum Kinderwagenwandern. Der etwa fünf Kilometer lange Läger-Rundwanderweg führt ohne Höhenunterschiede über die flache Ebene und kann wunderbar mit Kinderwagen und Rollstuhl befahren werden. Bekannt sind vor allem die Engstligenfälle, die unterhalb der Bergstation zu Tale stürzen. Doch auf der Engstligenalp strömt nicht nur das Wasser, sondern es fliessen auch die Energien. Sie gilt als Ort der Kraft, und die vielen Bäche und Rinnsale welche die Hochebene durchfliessen sind herrliche und gefahrlose Wasserspielplätze für Kinder. So kann man hier spielend den Tag ausklingen lassen oder nach der Rundwanderung noch im Berghotel Engstligenalp oder im Berghaus Bärtschi einkehren. Beide Häuser sind bezüglich der Infrastruktur auch auf Besucher im Rollstuhl eingerichtet.

Ein weiterer kinderwagengängiger Weg ist der Untere Wasserfall-Rundwanderweg. Er führt von der Bushaltestation «Chäli» nahe der Talstation zum unteren Engstligenfall.

Tipp | Ein spektakulärer Alpaufzug findet jedes Jahr Ende Juni statt. Dann machen sich rund 500 Kühe auf den Weg von der Talstation Unter dem Birg hinauf zu den Sömmerungsweiden auf der Engstligenalp. Die Engstligenalpbahn bietet spezielle Kombitickets an.

Auf dem Läger-Rundwanderweg auf der Engstligenalp.

OBEN Berghaus Bärtschi. **UNTEN** Kinderwagenfreundlicher Rundweg Engstligenalp.

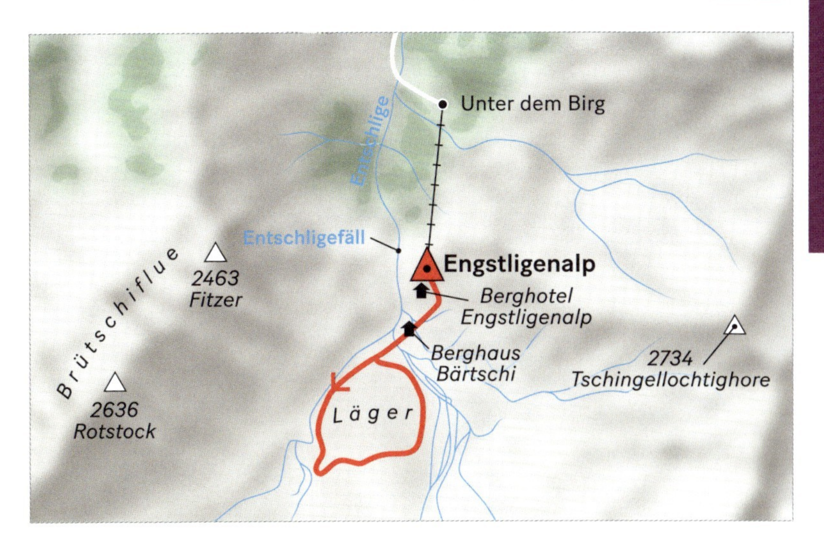

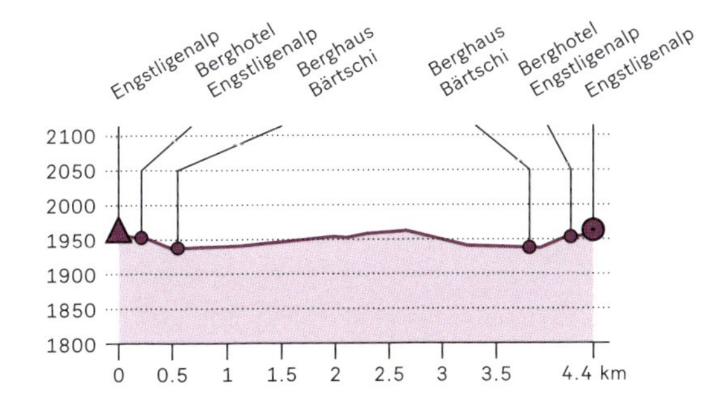

START / ZIEL Engstligenalp, Bergstation.

CHARAKTERISTIK Einfache Rundwanderung auf markiertem Wanderweg. Für alle Kinderwagentypen geeignet.

AN- / RÜCKREISE Mit dem Zug nach Frutigen, weiter mit Bus nach Adelboden, mit Ortsbus zur Engstligenalpbahn, Talstation Unter dem Birg.

ROUTE Von der Bergstation der Engstligenalpbahn einfach dem markierten Rundwanderweg folgen.

AUSRÜSTUNG Leichte Wanderausrüstung, Sonnenschutz.

EINKEHREN Berghaus Bärtschi und Berghotel Engstligenalp, *engstligenalp.ch.*

WANDERKARTE LK 1:50 000, 263T Wildstrubel.

INFOS *adelboden.ch.*

ZUM HIMMEL-BLAUEN BERGSEE

Kandersteg Zum Oeschinensee

Natur	Kultur	Familie	Kondition	
■■■■■■	■■□□□□	■■■■■■	■□□□□□	
↑ 95 m	↓ 95 m	→ 3 km	1 h	▶ T1

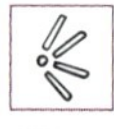

Der Oeschinensee hoch über Kandersteg ist ein beliebtes und leicht erreichbares Ausflugsziel in alpinem Ambiente. Die Gondelbahn beschert an Schönwettertagen vielen Tagesausflüglern die prächtige Kulisse mit Blüemlisalp, Fründen- und Doldenhorn. Bei der Bergstation verspricht der gelbe Wegweiser mit der Aufschrift «Oeschinensee 20 Minuten» das nahe Ziel, doch kann bei einem Familienausflug die dortige Sommerrodelbahn gleich zu Beginn den Zeitplan ordentlich durcheinanderbringen. Kinder wie Erwachsene können hier in Schräglage durch die engen Kurven flitzen.

Der Weg zum Oeschinensee ist bestens für Kinderwagen geeignet. Die breite Naturstrasse verläuft mit angenehmem Gefälle. In einer knappen halben Stunde ist man am See, dann steht der Erholung nichts mehr im Wege. Gaststätten und Grillplätze, Baden und Ruderboot fahren: Am Oeschinensee kann man mit Kindern leicht einen unbeschwerten Tag verbringen. Am flachen Ufer lässt es sich gefahrlos spielen und planschen, das Wasser stauen und Dämme bauen. Und wenn dann die Cervelats bruzzeln und die Beine entspannt im kalten Wasser baumeln, darf man schon einmal hinaufschauen zu Blüemlisalp- und Oeschinenhorn, zu Fründen- und Doldenhorn, die da firnbedeckt in den Himmel ragen. Wer es ganz bequem haben möchte, kann übrigens das Elektro-Mobil benutzen. Der umweltfreundliche Mini-Shuttlebus fährt im Sommer täglich von 11.45 bis 17 Uhr jeweils im Halbstundentakt von der Bergstation der Gondelbahn zum Oeschinensee. Die Fahrzeit beträgt ungefähr 10 Minuten.

Tipp | Am Seeufer sind mehrere Grillstellen eingerichtet. Wer es ganz bequem mag: Im Oeschinen-Shop beim Berghotel sind sowohl Picknickkörbe wie auch Grillzubehör (Feuerholz, Würste, Brot usw.) erhältlich. Auch mit Online-Vorbestellung unter *oeschinensee.ch.*

Der Oeschinensee bei Kandersteg ist ein beliebtes Ausflugsziel.

OBEN Mit Kinderwagen zum Oeschinensee. **UNTEN** Restaurants verlocken zur Einkehr.

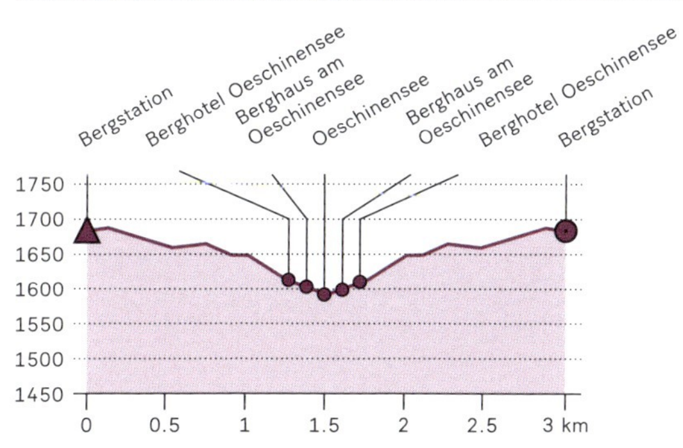

START/ZIEL Bergstation der Gondelbahn Kandersteg-Oeschinensee.

CHARAKTERISTIK Einfache und kurze Wanderung auf breitem Weg. Gelbe Wegweiser. Für alle Kinderwagentypen geeignet. Preise bei Benützung Elektro-Mobil: Erwachsene CHF 8.-, Kinder CHF 5.-.

AN-/RÜCKREISE Mit dem Zug nach Kandersteg. Ab Bahnhof Kandersteg zu Fuss in etwa 20 Minuten oder mit Ortsbus in etwa 5 Minuten zur Talstation der Gondelbahn Kandersteg-Oeschinensee.

ROUTE Bergstation der Gondelbahn Kandersteg-Oeschinensee (1682 m) - Oeschinensee (1522 m) - auf selbem Weg zurück.

AUSRÜSTUNG Leichte Wanderausrüstung, Sonnenschutz, im Sommer Badesachen.

EINKEHREN Restaurant Bergstübli bei der Bergstation; Berghaus am Oeschinesee und Berghotel Oeschinensee, *oeschinensee.ch*.

WANDERKARTEN LK 1:50 000, 254T Jungfrau, 263T Wildstrubel.

INFOS *kandersteg.ch*.

ORTE DER SEHNSUCHT

Montreux *Auf dem Uferweg nach Vevey*

Natur

Kultur

Familie

Kondition

↑ 11 m 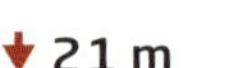 ↓ 21 m → 8.7 km ⏲ 2½ h  T1

Die Landschaft am Genfersee weckt Sehnsüchte: Palmengesäumte Ufer kontrastieren mit schneebedeckten Bergen, Schlösser erzählen Geschichten aus vergangenen Zeiten, und lebendige Städte laden zu Entdeckungen ein. An der Seepromenade flanierten schon Ernest Hemingway und Rainer Maria Rilke, Victor Hugo und Sissi, die Kaiserin von Österreich. Auch Stars der Musikszene lassen sich von der Atmosphäre des Lac Léman inspirieren: Jährlicher Höhepunkt ist das Jazzfestival Montreux. An der Promenade steht die Statue von Freddie Mercury, dem früh verstorbenen Sänger der Rockband Queen. In Montreux entstand deren letztes Studioalbum: «Made in Heaven».

Fast die gesamte Wegstrecke von Montreux bis Vevey kann man am Ufer entlang zurücklegen. Wer abkürzen möchte, steigt zwischendurch auf Bus oder Schiff um. An einer der wohl schönsten Schweizer Seepromenaden entlang finden sich viele Spielplätze. So wird mit den Kindern diese kurze Wanderung schnell einmal zum tagesfüllenden Ausflug. In Vevey ist die Statue von Charlie Chaplin, er lebte von 1953 bis zu seinem Tod 1977 in Corsier-sur-Vevey, ein beliebtes Fotosujet. Ebenso die überdimensionierte Gabel im Genfersee, die Werbung für das Alimentarium, das Museum für Ernährung, macht. Das milde Klima, die Weinberge und das pittoreske Städtchen mit vielen älteren Gebäuden aus der «Belle Epoque» runden die schöne Stimmung ab. Die Schiffe zurück nach Montreux fahren fahrplangemäss; ganz romantisch ist es mit dem Dampfschiff im Schein der untergehenden Sonne. Da sitzt man gerne noch an der Uferpromenade von Montreux, zu Füssen von Freddie. «This could be heaven for everyone» hat er gesungen – «das könnte der Himmel für alle sein». Damit muss er wohl die Genferseeregion gemeint haben…

Tipp | Zwei Museen locken nach Vevey: «Chaplin's World» ist dem Leben und Werk Charlie Chaplins gewidmet und das «Alimentarium» steht ganz im Zeichen der (gesunden) Ernährung, *chaplinsworld.com* und *alimentarium.org*.

Am Genfersee.zwischen Montreux und Vevey.

OBEN Die Gabel wirbt für das Alimentarium. **UNTEN** Jogging- und Kinderwagenstrecke.

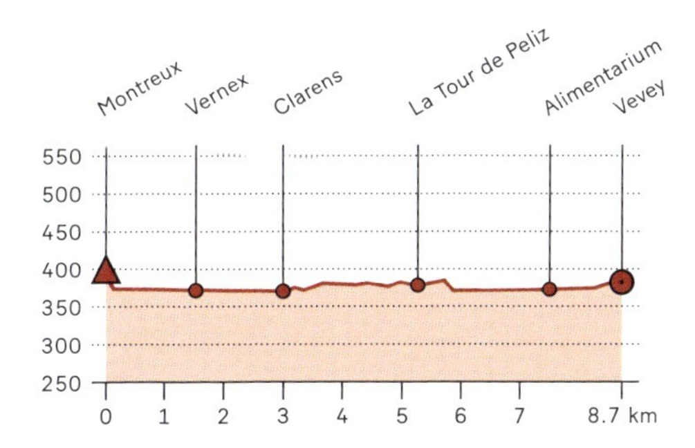

START Montreux.

ZIEL Vevey.

CHARAKTERISTIK Einfache Wanderung auf markierten Wegen; gelbe Wegweiser. Nur einmal (beim Schloss La Tour-de-Peilz) müssen die Kinderwagen über eine Treppe getragen werden. Keine Wickelmöglichkeiten auf dem gesamten Weg, aber viele Spielplätze, die sich zum Windelnwechseln eignen. Für alle Kinderwagentypen geeignet.

ANREISE Mit dem Zug nach Montreux.

RÜCKREISE Mit dem Zug ab Vevey.

ROUTE Montreux (375 m) – Vernex (396 m) – Clarens (375 m) – La Tour-de-Peilz (386 m) – Vevey (384 m).

AUSRÜSTUNG Leichte Wanderausrüstung, Sonnenschutz, im Sommer Badesachen.

EINKEHREN Restaurants in Montreux, La Tour-de-Peilz und Vevey.

WANDERKARTE LK 1:50 000, 262T Rochers de Naye.

INFOS *montreux-vevey.com; region-du-leman.ch.*

WILLKOMMEN FRÜHLING

Morges *Zum Tulpenfest*

Natur

Kultur

Familie

Kondition

↑ 8 m ↓ 7 m → 2.9 km ⏱ 1 h ▶ T1

Jedes Jahr im April und Mai findet in Morges am Genfersee das Tulpenfest statt. Dann blühen im Parc de l'Indépendance über hunderttausend Tulpen. Ein gemütlicher Rundgang, der zeitlich individuell gestaltet werden kann, führt kinderwagengängig durch die Stadt und zum Park.
Der Ursprung des Tulpenfestes geht bis ins Jahr 1971 zurück. Es wurde damals zum 50-jährigen Bestehen des Waadtländer Gärtnerverbandes ins Leben gerufen. Die Tulpenfelder befinden sich im Parc de l'Indépendance. Der schöne Park mit altem Baumbestand liegt nahe von Altstadt, Schloss und Hafen mit einem herrlichen Blick über den Genfersee und auf die Alpen. An rund sechs Wochen sorgen dort die farbenprächtigen Tulpenblüten für ein unendliches Blumenmeer. Die Vielfalt der Beete, in denen 300 verschiedene Sorten angepflanzt werden, zieht zahlreiche Tulpenliebhaber an. Mehrere Beete werden jeweils von Gärtnerlehrlingen des Berufsbildungszentrums Morges angelegt. Die ersten Tulpenarten blühen ab April. Nach einem langen und kalten Winter locken sie zu einem ersten Ausflug des Jahres an den See. Bis Mitte Mai dauert der farbenprächtige Zauber. Dann werden die Tulpenzwiebeln ausgegraben und auf dem Markt verkauft.
Einen Besuch des Tulpenfestivals, der Eintritt ist übrigens frei, kann man wunderbar mit einer Besichtigung des Schlosses von Morges verbinden oder mit einer Wanderung am Seeufer entlang: Bis nach Lausanne kann man spazieren (etwa 3 h) oder in die andere Richtung, ins mittelalterliche Städtchen Saint-Prex (etwa 2 h).
Und noch ein Blumentipp:
In Vullierens, nur wenige Kilometer nördlich von Morges, blühen in den Gärten des dortigen Schlosses von Mitte Mai bis Ende Juni prächtige Irisfelder.

Tipp | Von Frühjahr bis Sommer fährt der kleine touristische Zug von Morges in gemütlichem Tempo an der Uferpromenade und dem Parc de l'Indépendance entlang, am Schloss vorbei und durch die Fussgängerstrassen der Innenstadt. Kinder freuen sich über den farbenfrohen Look des Zuges.

Farbenprächtiger Ausflug mit Kindern zum Tulpenfest in Morges.

OBEN Im Parc de l'Indépendance. **UNTEN** Tulpen am Genfersee in Morges.

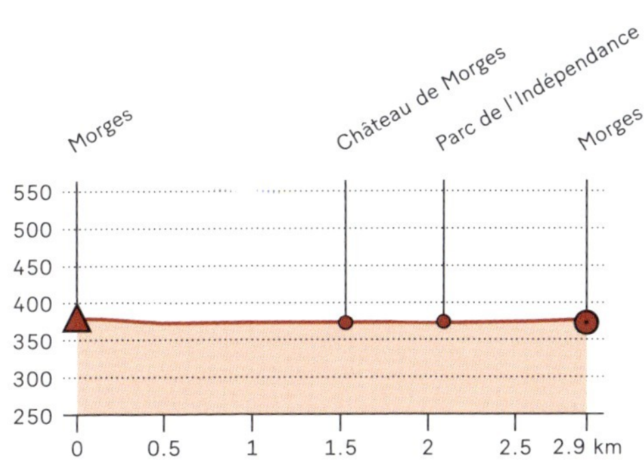

START/ZIEL Morges.

CHARAKTERISTIK Einfache Turnschuhwanderung auf markierten Asphalt- und Naturwegen; gelbe Wegweiser. Der kleine touristische Zug von Morges wird umweltfreundlich mit Erdgas betrieben und ist allen zugänglich, er verfügt über eine Plattform für Kinderwagen und Platz für einen manuell bedienten Rollstuhl.
Für alle Kinderwagentypen geeignet.

AN-/RÜCKREISE Mit dem Zug nach Morges.

ROUTE Morges, Bahnhof (374 m) – individuell durch die Stadt und am Genferseeufer entlang – Parc de l'Indépendance – Morges, Bahnhof.

AUSRÜSTUNG Leichte Wanderausrüstung, Sonnenschutz.

EINKEHREN Restaurants in Morges.

WANDERKARTE LK 1:50 000, 261T Lausanne.

INFOS *morges-tourisme.ch; lake-geneva-region.ch.*

DRACHEN, ZWERGE UND GNOME

***Schwarzsee** Auf dem Häxewääg rund um den See*

Natur

Kultur

Familie

Kondition

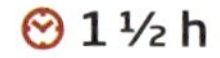

↑ 46 m ↓ 46 m → 5.3 km 1½ h ▶ T1

«Einst halfen Zwerglein den Hirten
beim Hüten des Viehs im Tal
Doch ein böser Landbesitzer und
Jäger bracht Unheil dazumal.
Durch einen zerstörenden Felssturz
der Schwarzsee entstand
Tiefblau wie ein Kobalt, der schönste Bergsee im ganzen Land.»

Das ist nur eine von mehreren Sagen, die auf dem Häxewääg rund um den Schwarzsee erzählt werden. Kinder und Erwachsene erleben auf dieser einfachen Wanderung auf spielerische Art und Weise sieben Sagen aus dem Schwarzsee-Senseland: «vom Goldloch», «die schwarze Kuh», «die Schlangenbeschwörung», «wie der Schwarzsee entstand», «der Hutätä», «die Ankenhexe» und «der Muggi».
Der Schwarzsee ist einer der beliebtesten Freizeitorte der Freiburger Voralpen. Je nach Wetter und Licht schimmert er Türkisfarben, Tiefblau oder Schwarz. Sein schwefelhaltiges Wasser wurde schon im 19. Jahrhundert zum Heilbaden genutzt. Wiesen und Bäume säumen das meist flache Seeufer, was reizvoll mit den umliegenden Kalkbergen und Felsgräten kontrastiert. In Schwarzsee ist übrigens Endstation für Autos und den öffentlichen Verkehr, sodass sich für Wanderer eine ruhige Welt eröffnet, wie eben auf dieser Rundwanderung. Die reine Wanderzeit um den See beträgt etwa zwei Stunden. Nimmt man sich genügend Zeit für die einzelnen Erlebnisposten, ist mit einer längeren Wanderzeit zu rechnen. Wunderschön präsentiert sich der Schwarzsee auch aus der Höhe. Mit der Sesselbahn kann man von Gypsera zur Riggisalp hochfahren und im dortigen Berghaus (mit Spielplatz) einkehren.

Tipp | Ein weiterer Erlebnisweg ist auf der Riggisalp, hoch über dem Schwarzsee, angelegt. Mit der Seilbahn schwebt man ab Gypsera hinauf, dann können Familien mit Zwerg Riggli in die Welt der erneuerbaren Energien eintauchen.

Kinderwagengängige Wanderung in voralpiner Landschaft am Schwarzsee.

OBEN Bräteln auf dem selbst mitgebrachten Grillrost. **UNTEN** Am Schwarzsee.

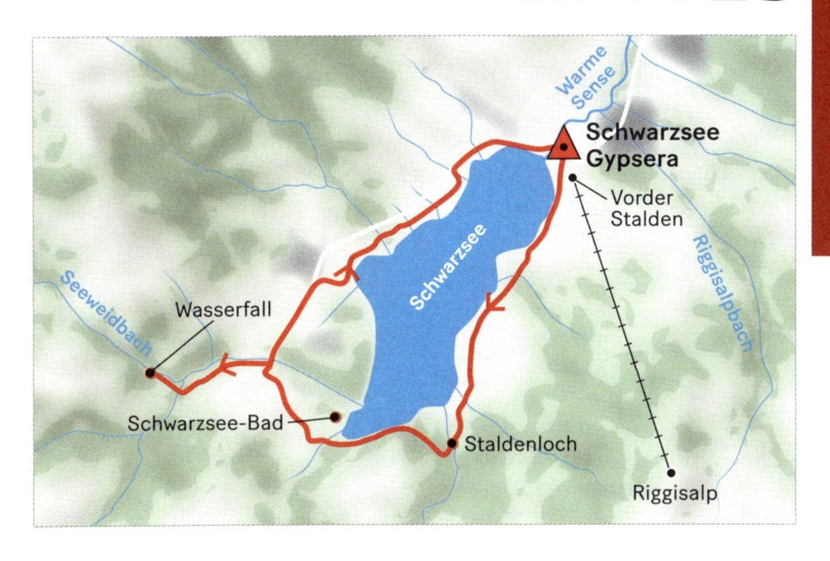

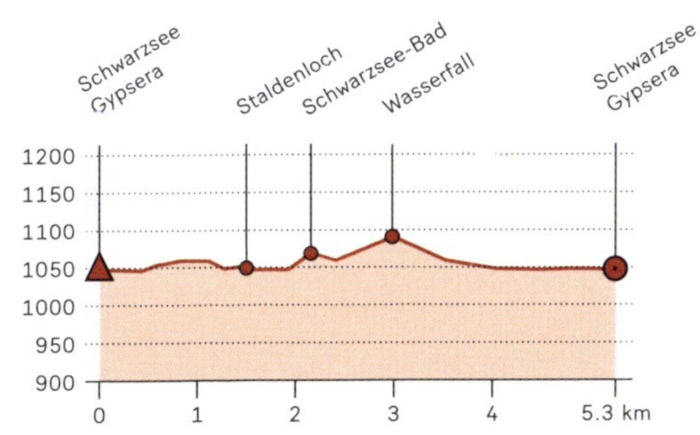

START/ZIEL Schwarzsee.

CHARAKTERISTIK Einfache Seerundwanderung. Der Weg verläuft vorwiegend flach mit ein paar wenigen leichten Steigungen. Im Tourismusbüro gibt es einen Wettbewerb, ein Häxeset mit Leckereien sowie die nötigen Hilfsmittel, um das Zauberwort herauszufinden. Ebenfalls gibt es die Sagenbücher «Sagen und Märchen aus dem Senseland» und «Hutätä». Darin sind die Häxewääg-Sagen und noch mehr ausführlich beschrieben. Gelbe Wegweiser; zusätzlich Wegweiser mit grünem Quadrat und der Routennummer 282 «Schwarzsee-Rundweg» (barrierefrei). Der Rundweg kann selbstverständlich in beide Richtungen begangen werden. Für alle Kinderwagentypen geeignet.

AN-/RÜCKREISE Mit dem Zug nach Freiburg, weiter mit Postauto nach Schwarzsee/Gypsera.

ROUTE Schwarzsee, Gypsera (1047 m) – Schwarzsee-Bad (1054 m) – Schwarzsee, Gypsera.

AUSRÜSTUNG Leichte Wanderausrüstung, Sonnenschutz, evtl. Badesachen.

EINKEHREN Restaurants am See.

WANDERKARTE LK 1:50 000, 253T Gantrisch.

INFOS *schwarzsee.ch; fribourgtourisme.ch.*

ZURÜCK INS MITTELALTER

Yverdon-les-Bains *Am Neuenburgersee entlang*

Natur

Kultur

Familie

Kondition

17 m

7 m

12.6 km

3 h

T1

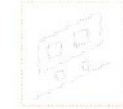

Yverdon-les-Bains war schon für die Römer eine Reise wert. Sie nannten den Ort Eburodunum und liessen es sich in den Thermalbädern gut gehen. Heute entspannt man im modernen Thermalzentrum, an die Blütezeit des Bädertourismus erinnert hingegen das Hôtel des Bains. Entspannung verspricht aber auch diese kinderwagengängige Uferwanderung nach Concise. Ausgangspunkt ist der Place Pestalozzi zwischen Schloss, Kirche und Rathaus. Hier steht das Denkmal von Heinrich Pestalozzi, der von 1805 bis 1825 in Yverdon ein Erziehungsinstitut leitete. «Ich fühlte mich so wohl in Yverdon-les-Bains, dass ich mich entschloss, zu bleiben», sagte er einmal über seinen dortigen Aufenthalt. Der Wanderweg führt uns am Kanal entlang und durch ein Schilfgebiet geradewegs nach Grandson. Das mittelalterliche Städtchen überrascht mit schönen Häuserfassaden; Blickfang ist natürlich das mächtige Schloss in leicht erhöhter Lage über dem Neuenburgersee. Das Schlossmuseum zeigt neben Waffen und Rüstungen auch eine Nachbildung der Schlacht von Grandson, die Karl der Kühne im Jahre 1476 gegen die Eidgenossen verlor. Wer einmal in die rauen Zeiten des Mittelalters eintauchen möchte, sollte die Wanderung am Wochenende des alljährlich stattfindenden Mittelalterfestes unternehmen.
Da sind Händler und Musikanten in originalgetreuen Kostümen unterwegs, Handwerker arbeiten mit historischen Werkzeugen und Gaukler führen akrobatische Kunststücke vor.
Von Grandson schlängelt sich der Wanderweg weiter durch Wälder und Schilfgürtel am Lac de Neuchâtel entlang. Nach drei Stunden erreichen wir Concise, ein idyllischer Ort am See mit schönem Hafen, Strand und Liegewiese.
Da zögern wir die Rückfahrt gerne noch eine Weile hinaus. Die geht übrigens mit dem Bus oder, viel schöner, mit dem Schiff.

Tipp | Einmal im Jahr findet im Schloss Grandson die «Fête Médiévale» statt. Das mittelalterliche Treiben umfasst Tanz- und Theateraufführungen, Musik und Kunsthandwerk sowie viele Mitmachspiele für Kinder. Aktuelle Daten unter *chateau-grandson.ch.*

Am Mittelalterfest im Schloss Grandson.

OBEN Gut behutet. **UNTEN** Mit dem Schiff von Concise nach Yverdon-les-Bains.

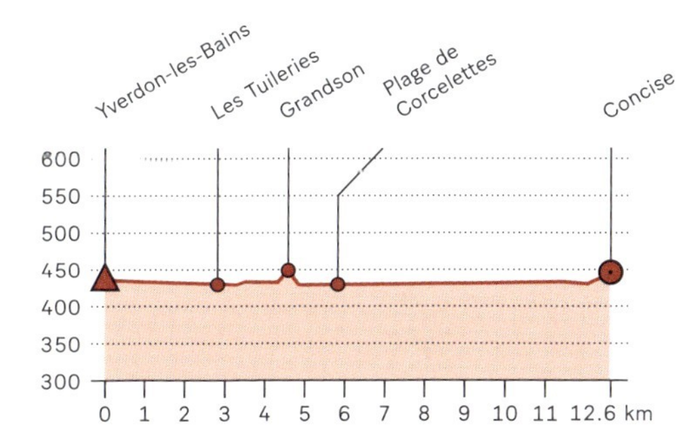

START Yverdon-les-Bains.

ZIEL Concise.

CHARAKTERISTIK Einfache Uferwanderung am Lac de Neuchâtel auf markierten Asphalt- und Naturwegen; gelbe Wegweiser. Für alle Kinderwagentypen geeignet.

ANREISE Mit dem Zug nach Yverdon-les-Bains.

RÜCKREISE Mit Bus oder Schiff ab Concise.

ROUTE Yverdon-les-Bains (436 m) – Les Tuileries (430 m) – Grandson (436 m) – Plage de Corcelettes (431 m) – Concise (446 m).

AUSRÜSTUNG Leichte Wanderausrüstung, Sonnenschutz, evtl. Badesachen.

EINKEHREN Restaurants in Yverdon-les-Bains, Grandson und Concise.

WANDERKARTE LK 1:50 000, 241T Val de Travers.

INFOS *chateau-grandson.ch; yverdonlesbainsregion.ch; j3l.ch; dreiseenschifffahrt.ch.*

AUF DEM REBEN-LEHRPFAD

Bielersee *Von Twann nach Ligerz*

Natur

Kultur

Familie

Kondition

↑ 103 m  ↓ 103 m → 4.7 km ⏱ 1 ½ h  T1

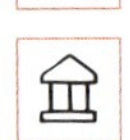

Auf dem Rebenlehrpfad über dem Bielersee geniesst man bei klaren Wetterverhältnissen eine hübsche Aussicht bis weit zu den Berner Alpen. Allerdings braucht es gleich zu Beginn etwas Muskelkraft, um die Kinderwagen hinauf zum Beginn des Rebenweges zu schieben. Ist die Steigung dann geschafft, geht es in gemütlichem Tempo durch die farbenprächtigen Weinberge.
Der gesamte Rebenweg ist geteert und wird von Steinmauern gesäumt. Auf Infotafeln liest man Wissenswertes rund um den Wein und speziell über den Weinbau am Bielersee. Kühlenden Schatten suchen wir vergebens, an Sommertagen sollte man daher den Sonnenschutz, inkl. Sonnensegel für den Kinderwagen, nicht vergessen. Hinter den Mauern wachsen die Reben in langen Bahnen über die hügelige Landschaft. Vögel begleiten uns, und des öfteren entdecken wir Eidechsen. Den Kindern gefallen die Züge auf der unter uns liegenden Strecke Biel-Neuenburg, und auch die vielen Schiffe auf dem See werden munter kommentiert. Der Verkehr auf dem Rebenweg hingegen ist gering. Manchmal kreuzen Traktoren den Weg, und einige Wanderer überholen unsere Kinderwagen-Gruppe. In den Rebbergen wird gearbeitet – wir erleben das mit einem unfreiwilligen Duscherlebnis: Eine Bewässerungsanlage erfrischt uns mit einem spritzenden Wasserstrahl.
Ein stilles Örtchen für die Babyfütterung und eine Rast auf der Krabbeldecke findet sich unter den Ahornbäumen bei der pittoresken Kirche von Ligerz. Hier haben wir etwa die Hälfte des Rundwanderweges hinter uns, dann folgt der etwas steile Abstieg nach Ligerz. Die Wanderung empfiehlt sich darum nicht unbedingt in entgegengesetzter Richtung. Beim Bahnhof von Ligerz kehren wir ein; wer möchte, kann hier noch das Rebbaumuseum besuchen (siehe Tipp).

Tipp | Am westlichen Dorfausgang von Ligerz befindet sich das Rebbaumuseum «Hof». Der «Hof» zählt zu den schönsten Wohnhäusern des linken Bielerseeufers. Die ständige Ausstellung im Museum ist der Kultur und Geschichte der Weinbauregion Bielersee gewidmet, *rebbaumuseum.ch*.

An Trockenmauern entlang durch die Rebberge am Bielersee.

OBEN Auf dem Rebenlehrpfad. **UNTEN** Ligerz ist ein hübsches Winzerdorf am See.

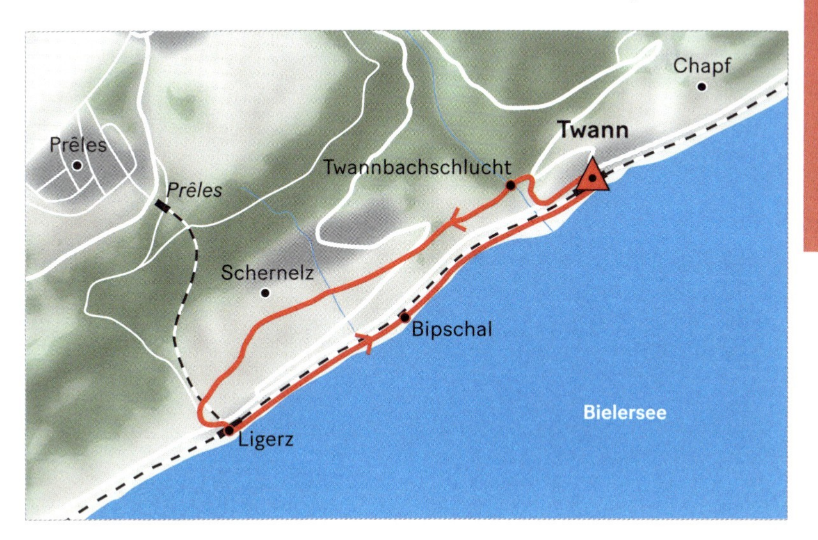

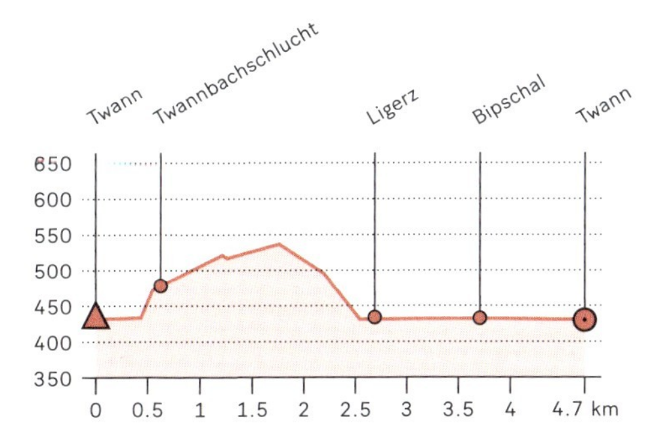

START/ZIEL Twann.

CHARAKTERISTIK Einfache Wanderung auf markiertem Themenweg. Asphalt- und Kopfsteinpflaster. Ein Picknick unter den Ahornbäumen bei der romantischen Kirche von Ligerz ist der Höhepunkt der Rundwanderung (hier auch Frei-luft-Wickeln möglich). Für alle Kinder-wagentypen geeignet.

AN-/RÜCKREISE Mit dem Zug oder mit dem Schiff nach Twann.

ROUTE Vom Bahnhof Twann in kurzer Steigung hinauf in die Reben. Der Start des Lehrpfades ist oberhalb Twann, unmittelbar nach der Brücke über die Twannbachschlucht. Nun immer den Wegweisern nach Ligerz folgen. Für den Rückweg von Ligerz nach Twann gibt es drei Varianten: Die schnellste ist mit dem Zug, die schönste mit dem Schiff, die gemütlichste ist der Weg an der Bahnlinie und am See entlang.

AUSRÜSTUNG Normale Wanderaus-rüstung, gute Wanderschuhe, Sonnen-schutz (Hut, Creme, Sonnensegel für Kinderwagen).

EINKEHREN Restaurants in Twann, z. B. Hotel Bären mit Wickeltisch, und in Ligerz.

WANDERKARTE LK 1:50 000, 232T Vallon St-Imier.

INFOS *bielersee.ch; bielersee-tourismus.ch.*

MYSTISCHE MOORLANDSCHAFT

La Theurre Rund um den Etang de la Gruère

Natur

Kultur

Familie

Kondition

Ob Frühling, Sommer Herbst oder Winter: Diese kurze Wanderung rund um den wohl bekanntesten Moorsee im Jura ist zu jeder Jahreszeit schön. Besonders in den Wintermonaten gilt diese Route als Geheimtipp, weil dann deutlich weniger Menschen unterwegs sind. Der Etang de la Gruère liegt in einem Naturschutzgebiet. Ursprünglich war die Oberfläche des Sees etwas kleiner als heute. In der Mitte des 17. Jahrhunderts wurde er aufgestaut und zuerst für den Betrieb einer Getreidemühle, später dann für die nahegelegene Sägerei genutzt. Auch wurde der Torf über lange Jahre hinweg zu Heizzwecken genutzt. Der Torfabbau wurde 1943 eingestellt. Der gefrorene Boden im Winter eignet sich ausgezeichnet, um mit Kinderwagen über das meist sumpfige Gelände zu fahren. Geeignet sind grundsätzlich alle Typen von Kinderwagen, da der grösste Teil der Route über Holzstege führt. Es gibt allerdings auch Wegabschnitte, welche mit Holzschnitzeln belegt sind oder über Wiesen führen.
Das Gehen wird zu einem stillen Erlebnis. Der See verbreitet eine tiefe Ruhe, um die von Flechten überwachsenen Äste ziehen Nebelschwaden. Eine fast schon mystische Stimmung. Wir passieren Holzstege und sehen das Gewässer mit seinen Ufern immer wieder aus einer neuen Perspektive. Im Hintergrund grasen auf den Juraweiden Freiberger Pferde.
Einkehren könnte man in der Auberge de la Couronne, oder man fährt weiter ins 6,5 Kilometer entfernte Le Roselet (an der Hauptstrasse Les Breuleux – Les Emibois). Im dortigen Pferdealtersheim treffen wir auf alte Pferde, Ponys und Esel, die hier in der «Stiftung für das Pferd» ihren Lebensabend verbringen. Für die Kinder ist der Gang durch die Stallungen ein Vergnügen: Sie streicheln eine alte Eseldame und dürfen auf einem Pony sitzen.

Tipp | Eine gut ausgerüstete Grillstelle befindet sich ausserhalb des Naturschutzgebietes, gleich neben dem Etang de la Gruère. Wickeltische und einen Spielplatz gibt es in der Auberge de la Couronne. In Le Roselet lädt ein asphaltiertes Strässchen zum Spaziergang um die zehn Hektaren umfassende Pferdekoppel ein.

Pause am Etang de la Gruère.

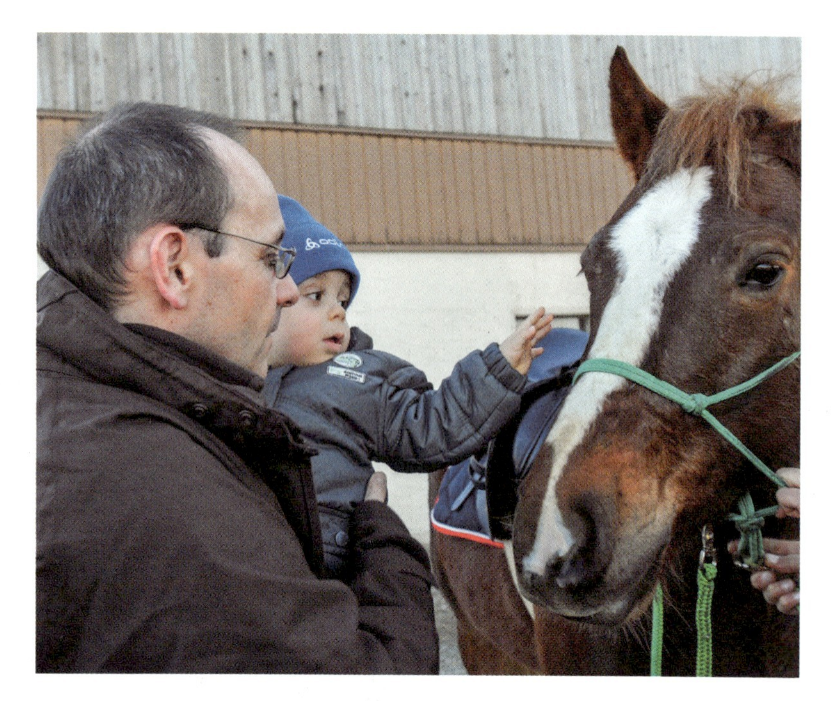

OBEN Streicheleinheiten. **UNTEN** Waldpfad am Etang de la Gruère.

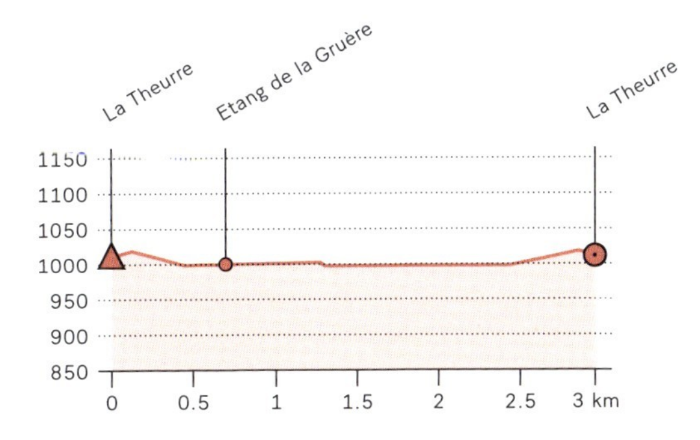

START/ZIEL Etang de la Gruère (Parkplatz/Busstation La Theurre).

CHARAKTERISTIK Einfache See-Rundwanderung in märchenhafter Moorlandschaft. Der gefrorene Boden eignet sich bestens für Kinderwagen. Der grösste Teil der Route führt über Holzstege oder über den mit Holzschnitzeln belegten Waldboden. Grosse Räder sind, wie vielerorts, von Vorteil. Für alle Kinderwagentypen geeignet.

AN-/RÜCKREISE Mit dem Zug bis Les Reussilles oder Saignelégier, weiter mit dem Bus bis zur Haltestelle La Theurre (direkt beim Etang de la Gruère/Auberge de la Couronne). Reist man mit dem Auto an, besteht die Möglichkeit, anschliessend Le Roselet zu besuchen.

ROUTE Von La Theurre dem etwa 3 km langen Rundweg folgen. Wer genug Energie hat, kann anschliessend nach Le Roselet wandern, die Route führt über Juraweiden und etwas durch den Wald.

AUSRÜSTUNG Leichte Wanderausrüstung.

EINKEHREN Auberge de la Couronne, La Theurre, beim Etang de la Gruère; Restaurant «Relais du Roselet» in Le Roselet.

WANDERKARTE LK 1:50 000, 222T Clos du Doubs.

INFOS *j3l.ch; philippos.ch.*

JURASSIC PARK IM JURA

Réclère *Durch den Préhisto-Parc*

Natur

Kultur

Familie

Kondition

51 m

51 m

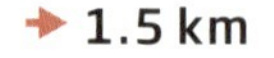
1.5 km

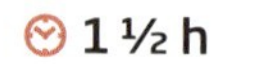
1 ½ h

T1

Der Préhisto-Parc ist ein schönes Familienziel. Modelle zeigen die Entwicklung der Tierwelt von den ersten Amphibien über die Dinosaurier bis zu den Säugetieren. Auf dem kinderwagengängigen Rundweg können sich Kinder auf die Suche nach ihren Lieblingen aus dem Zeichentrickfilm «In einem Land vor unserer Zeit» machen: Wo steckt Littlefood, der kleine Brontosaurier? Und wo sind seine Freunde? Cera, der Triceratops; Ducky, der Anatosaurus; Petrie, der Pterodactylus, und Spike, der Stegosaurus? Im Wald verstecken sich aber nicht Littlefood und seine Dino-Kumpels, sondern Raptoren in Lebensgrösse. Am Weg steht ein Plateosaurus, in den Bäumen hängt ein Pteranodon, und in einem See kämpfen zwei Fischsaurier. Und dann sind sie plötzlich da, die schaurig-schönen Bestien, die uns so faszinieren: ein Oviraptor, ein Deinonychus und ein fürchterlich aussehender Tarbosaurus. Glücklicherweise sind wir nur im Préhisto-Parc und nicht im Jurassic Park.

Wer möchte, kann im Anschluss noch die Grotten von Réclère besuchen. Hier taucht man auf geführten Rundgängen (zweisprachig, dt./franz., Dauer etwa eine Stunde) in die Erdgeschichte ein. Die Höhlenführerin erklärt, dass Stalagmiten und Stalaktiten Steingebilde von Kalkablagerungen sind und von Wasser genährt werden; dass die spektakulärsten Gebilde Namen haben und vielleicht nach den ersten Eindrücken der Entdecker oder Höhlenforscher benannt wurden. An der tiefsten Stelle befindet sich ein See, in dem winzige Süsswasserkrebse leben.

Tipp | Wer den Aufenthalt im Jura verlängern möchte: Auf dem Gelände des Préhisto-Parc befindet sich auch ein Campingplatz, zudem kann man in Bungalows und Jurten übernachten.

Préhisto-Parc statt Jurassic Parc.

OBEN Gut gebrüllt, ihr Säbelzahntiger! **UNTEN** Pause im Wald.

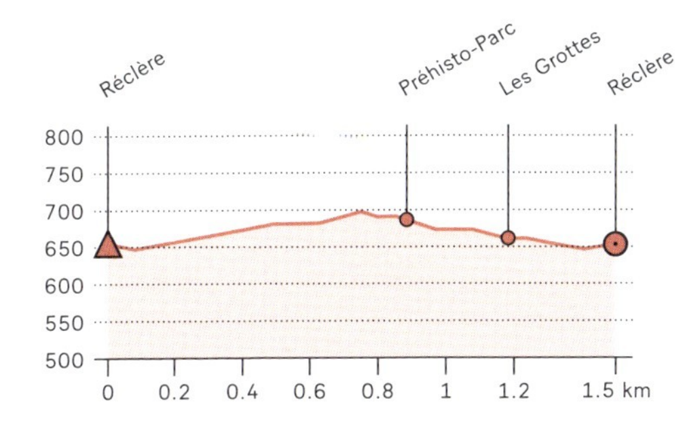

START/ZIEL Réclère.

CHARAKTERISTIK Turnschuh-Ausflug. Durch den Préhisto-Parc führt ein einfacher, kinderwagengängiger Rundwanderweg. Für alle Kinderwagentypen geeignet.

AN-/RÜCKREISE Mit dem Zug bis Porrentruy; weiter mit Bus über Chevenez bis Réclère, Les Grottes.

ROUTE Réclère (590 m) – Grottes de Réclère und Préhisto-Parc (658 m) – Réclère.

AUSRÜSTUNG Leichte Wanderausrüstung, Sonnenschutz. Wer zusätzlich noch die Höhlen besichtigen möchte, sollte einen Pullover oder eine Jacke mitnehmen. Die Temperatur in den Höhlen beträgt etwa 7 Grad.

EINKEHREN Restaurant, Familienhotel und Camping «Les Grottes».

WANDERKARTE LK 1:50 000, 222T Clos du Doubs.

INFOS *prehisto.ch; j3l.ch.*

WASSER – NORMAL BIS DESTILLIERT

Fleurier Von der Areuse-Quelle nach Môtiers

Natur

Kultur

Familie

Kondition

8.8 km

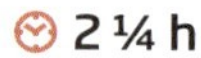

Die Gorges de l'Areuse ist eine der spektakulärsten Schluchten des Jura, die Areuse-Quelle mit ihrem schönem Teich ein umso lieblicherer Ort, der zu einer ausgedehnten Rast und einem Picknick geradezu auffordert. Der Fluss wird gespeist vom sechs Kilometer nördlich im Hochtal von la Brévine liegenden, oberflächlich abflusslosen Lac des Taillères. Das Licht der Welt erblickt der Fluss als Karstquelle in der Klus von St-Sulpice im Val de Travers. Sie ist zu Fuss von Fleurier aus in einer knappen Stunde auch mit Kinderwagen zu erreichen. Zurück gehts dann auf demselben Weg und weiter dem Fluss entlang bis Môtiers. Wer möchte, kann noch weiter talauswärts der Areuse bis nach Couvet oder Travers folgen.

Das Val de Travers und da vor allem auch das Dorf Môtiers ist einer der Hauptorte der Absinth-Herstellung, dieser legendären, alkoholstarken Spirituose, deren Herstellung von 1910 bis 2005 in der Schweiz (und in vielen europäischen Ländern) verboten war. Das Val-de-Travers gilt gar als Wiege der Absinth-Herstellung. Zahlreich sind die Produzenten heute wieder vor Ort aktiv (und waren es teilweise auch während der Prohibition…). Andererseits beherbergt Môtiers auch das eindrückliche Priorat Saint-Pierre, das im 6. Jh. von eingewanderten Benediktinermönchen gegründet und bis ins 11. Jh. weiter ausgebaut wurde. Im Zuge der Reformation verliessen die Mönche 1537 das Tal wieder. Seit 1829, seit Abram-Louis Richardet, wird innerhalb der geschichtsträchtigen Mauern Schaumwein produziert. 1859 übernahm der Elsässer Louis-Edouard Mauler das Ensemble, und seither heisst auch der Schaumwein, der nach der wie in der Champagne üblichen traditionellen Methode vinifiziert wird, Mauler. Bis zwei Millionen Flaschen des bekanntesten Vin mousseux der Schweiz lagern in den temperaturbeständigen Gewölben.

Tipp | Châpeau de Napoléon heisst der dem Napoleon-Hut gleichende, 980 Meter hohe Aussichtsberg über Fleurier mit Hotel-Restaurant. Dank der beeindruckenden Aussicht über das Val de Travers erhielt der Berg schon früh den Namen «Le Righi neuchâtelois». Das Haus ist mit PW erreichbar, *chapeaudenapoleon.ch.*

An der Quelle der Areuse.

OBEN Trockenmauern im Jura. **UNTEN** Der Weg führt an der Areuse entlang.

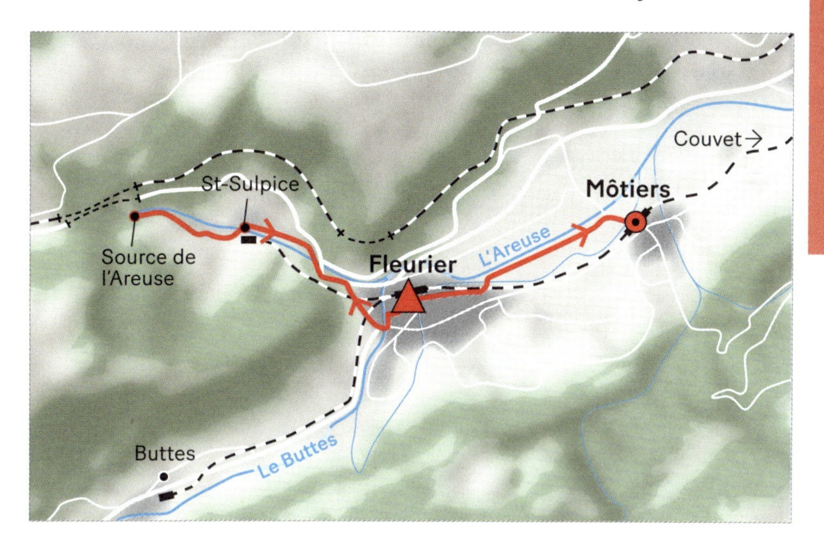

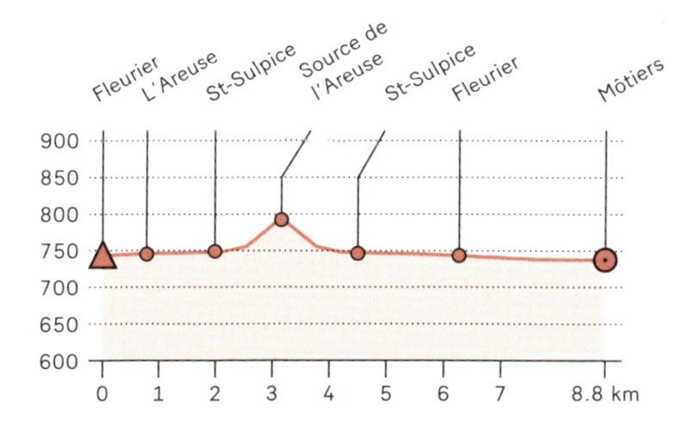

START Fleurier.

ZIEL Môtiers.

CHARAKTERISTIK Einfache, kinderwagen- und rollstuhlgängige Wanderung zwischen Areuse-Quelle und Fleurier sowie weiter nach Môtiers. Für alle Kinderwagentypen geeignet.

ANREISE Mit dem Zug nach Fleurier.

RÜCKREISE Mit dem Zug ab Môtiers. Fleurier, Môtiers, Couvet und Travers liegen an der Bahnstrecke von Neuenburg.

ROUTE Vom Bahnhof Fleurier nordwestlich durchs Dorf zur Areuse und dieser entlang nach St-Sulpice, weiter auf Strässchen in ¼ h zur Karstquelle mit schönem Teich und Picknickplatz. Zurück ins Dorf, der Strasse entlang wieder nach Fleurier, das Dorf längs der Bahnlinie queren und dem Fluss entlang nach Môtiers. Wer will, wandert noch ein Stück weiter nach Couvet oder Travers. In Môtiers befindet sich das Musée régional du Val-de-Travers, *mrvt.ch.*

AUSRÜSTUNG Normale Wanderausrüstung, Sonnenschutz.

EINKEHREN Restaurants in Fleurier und Môtiers. Schöner Picknickplatz am Quellsee der Areuse.

WANDERKARTE LK 1:50 000, 241T Val-de-Travers.

INFOS *val-de-travers.ch; j3l.ch; mauler.ch.*

WAS FLATTERT DENN DA?

Ins Zum Papiliorama nach Kerzers

Natur

Kultur

Familie

Kondition

31 m **28 m**  **12.3 km** **3 h** **T1**

Draussen ist es kalt und grau, drinnen schwül-warm und farbenfroh. Es ist eine ganz andere Welt im Papiliorama Kerzers im Kanton Freiburg. Das Amphitheater mit einem Durchmesser von 40 und einer Höhe von bis zu 14 Metern beherbergt mehrere Dutzend Pflanzenarten, darunter 16 Palmenarten, welche auch im Winter ideale Bedingungen zum Gedeihen und Blühen vorfinden. Und dann diese vielen Schmetterlinge! Über 60 tropische und subtropische Schmetterlingsarten, insgesamt sind es über 1000 Tiere, flattern um uns herum und entzücken die Kinder. Sitzen die Schmetterlinge dann auf unsere Arme, Schultern oder Köpfe, lassen sie sich wunderbar aus nächster Nähe beobachten. Staunend stehen unsere Mädchen dann vor den verpuppten Raupen. Im Papiliorama können Besucher nämlich nicht nur die fliegenden Gesellen beobachten, sondern auch den kompletten Lebenszyklus des Schmetterlings, vom Ei über die Raupe bis zur Puppe. Über 10 Schmetterlingsarten vermehren sich im Garten des Papiliorama auf natürliche Weise. Eine grosse Attraktion ist deshalb der Schlupfkasten, wo aus zahlreichen Puppen frische Schmetterlinge ausschlüpfen. Farbenprächtige Nektarvögel, die sich Nahrung aus den für sie aufgehängten Behältern holen, vervollständigen das bunte Tropenbild. Die Wege durch das Amphitheater, es gleicht einer grossen Glaskugel, führen über Treppen, an kleinen Teichen vorbei und unter Wasserfällen hindurch. Im Foyer finden Kinder eine Entdeckerwelt, die zum Hören, Lesen und Staunen einlädt. Dann führt die exotische Reise weiter in das Nocturama. Hier filtert ein lichtdurchlässiges Dach das natürliche Tageslicht und schafft im Innern eine Vollmondnacht-Stimmung. So ist es möglich, mitten am Tag einen nächtlichen Spaziergang zu machen und nachtaktive Tiere der Tropenwälder zu beobachten.

Tipp | Das Grosse Moos lässt sich nicht nur wandernd, sondern auch mit dem Fahrrad oder mit den Inlineskates auf dem Gemüselehrpfad entdecken. Zwei verschiedene Routen sind markiert, und 60 verschiedene Gemüsekulturen sind mit Tafeln beschriftet, *gemueseschweiz.ch* und *gemuese.ch*.

Im Papiliorama in Kerzers.

OBEN Die Tropen spüren im Papiliorama. **UNTEN** Staunen über exotische Tiere.

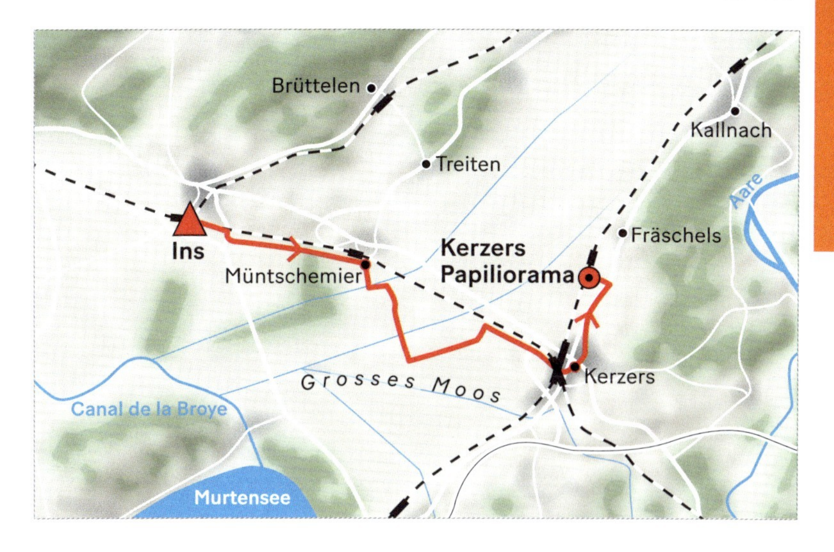

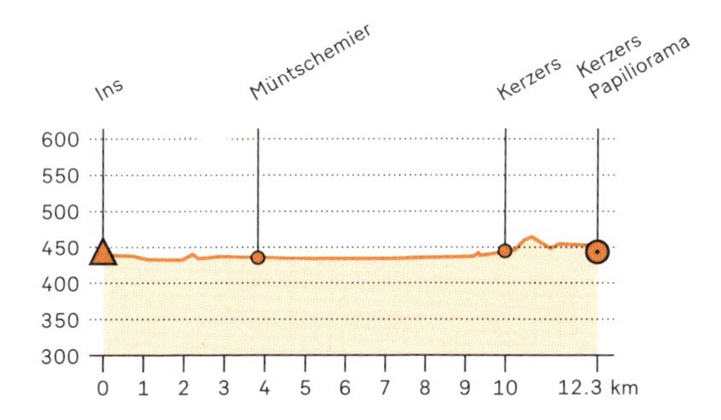

START Ins.

ZIEL Kerzers, Papiliorama.

CHARAKTERISTIK Einfache Wanderung von Ins durch das Gemüseanbaugebiet Grosses Moos nach Kerzers. Man kann die Wanderung auch abkürzen: Dank der Bahnhöfe in Ins, Müntschemier und Kerzers ist die Gehzeit beliebig variierbar. Viele Wege durchziehen das Grosse Moos, daher sind auch etliche Varianten möglich. Für alle Kinderwagentypen geeignet.

ANREISE Mit dem Zug nach Ins.

RÜCKREISE Mit dem Zug ab Kerzers, Papiliorama.

ROUTE Ins (477 m) – Müntschemier (435 m) – Kerzers (453 m) – Papiliorama.

AUSRÜSTUNG Leichte Wanderausrüstung, Sonnenschutz.

EINKEHREN Das Jungle Restaurant im Papiliorma bietet kalte und warme Speisen sowie Getränke, Desserts und Snacks an. Picknick ist in den markierten Zonen und im Aussenbereich erlaubt.

WANDERKARTEN LK 1:50 000, 232T Vallon de St-Imier, 242T Avenches.

INFOS *papiliorama.ch; bielersee.ch; j3l.ch.*

AN DER SCHÖNEN GRÜNEN AARE

Solothurn *Zur Storchensiedlung nach Altreu*

Natur

Kultur

Familie

Kondition

   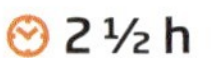 

3 m | **7 m** | **9.7 km** | **2 ½ h** | **T1**

Familien, die von Solothurn an der Aare entlang spazieren, kann es passieren, dass sie plötzlich den Storch klappern hören. Doch das ist bei weitem nicht alles, was es auf dieser familienfreundlichen und auch kinderwagengängigen Wanderung zu bestaunen gibt. In der flachen Landschaft erwartet die Gäste nämlich einiges: bunte Blumenwiesen, schmatzende Kühe und dann erst noch diese grossen Vögel. In Altreu sitzen Dutzende von Störchen auf den Dächern, schon von weitem ist ihr Geklapper zu hören.
Der Weg dorthin führt von Solothurn zunächst am Freibad und am Campingplatz Lido vorbei, später an der Klär- und Kompostieranlage von Bellach. Im Bäucher-Rank (die Einheimischen nennen das Dorf Bellach «Bäuch») folgt man flussaufwärts dem Aarelauf und passiert dabei immer wieder schöne Grillstellen. Hier können die Kinder auch mal ihre Füsschen vertreten, oder wir breiten die Krabbeldecke aus und geniessen eine Pause. Nebst Landwirtschaft und Flusslandschaft kann man direkt am Wasser auch viele Wasservögel wie Enten, Schwäne, Haubentaucher und Graureiher beobachten.
Im «Europäischen Storchendorf» Altreu startete bereits 1948 Max Blösch das Wiederansiedlungsprojekt für Weissstörche in der Schweiz. Die Initiative wurde über Jahrzehnte weiterentwickelt und zum Infozentrum Witi ausgebaut. Die Störche haben es gedankt und besiedeln die Region wieder in einem Bestand von durchschnittlich rund 40 Brutpaaren; das sind 10% des Schweizer Storchenbestandes.
Rund um Altreu lässt sich schon allein ein Familientag verbringen: Man kann die Ausstellungen im Infozentum besuchen, eine Schifffahrt auf der Aare unternehmen oder im Restaurant «Zum Grüene Aff» einkehren. Die Kinder möchten am liebsten hierbleiben, der Spielplatz ist ja auch zu schön.

Tipp | Das Infozentrum Witi Altreu gibt einen Überblick über die Natur und Landschaft der Aareebene zwischen Solothurn und Grenchen/Büren sowie Informationen über den Storch und seine Wiederansiedelung in Altreu und der Schweiz. Führungen möglich. Infos: *infowiti.ch* und *pronatura-so.ch.*

Ein Storch an der Aare bei Altreu.

OBEN Kinderwagenwandern an der Aare. **UNTEN** Spielen am Aarestrand.

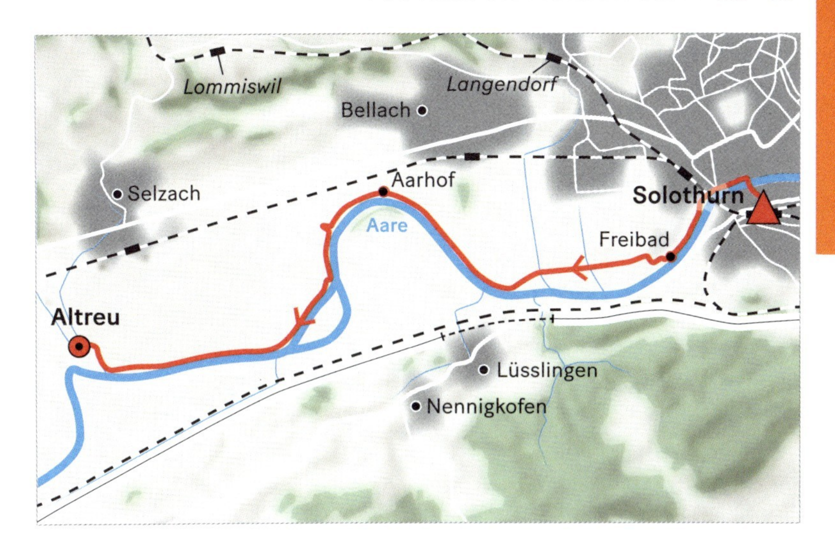

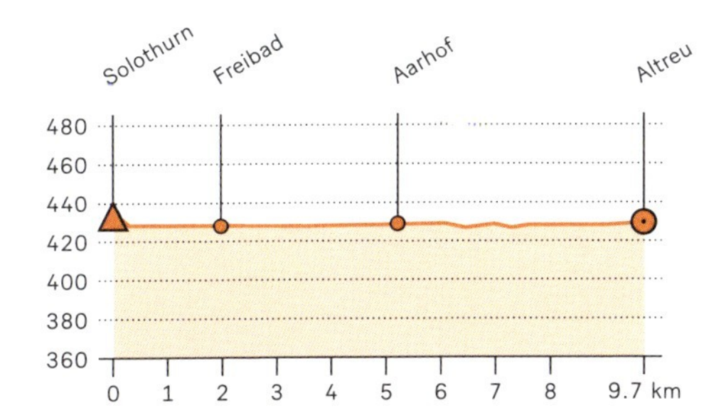

START Solothurn.

ZIEL Altreu.

CHARAKTERISTIK Einfache Wanderung entlang der Aare auf markierten Wanderwegen. Zu Beginn auf Asphalt, dann auf Naturkies und zum Schluss auf schmalen Wald- und Wiesenpfaden. Lauschige Plätze zum Ausruhen oder Windeln wechseln finden sich zuhauf. Gelbe Wegweiser. Für alle Kinderwagentypen geeignet. Es empfehlen sich aber grosse Räder, da manche Abschnitte etwas holprig sind.

ANREISE Mit dem Zug nach Solothurn.

RÜCKREISE Von Altreu mit dem Bus nach Grenchen Süd, weiter mit dem Zug nach Solothurn. Im Sommer ist die Rückfahrt nach Solothurn auch mit dem Kursschiff oder auch dem Öufi-Boot möglich.

ROUTE Von Bahnhof Solothurn zum Freibad an der Aare, dann immer der Aare flussaufwärts folgen bis zur Storchensiedlung in Altreu.

AUSRÜSTUNG Leichte Wanderausrüstung, Sonnenschutz, Badesachen.

EINKEHREN Restaurant «Zum Grüene Aff», *zumgrueneaff.ch*.

WANDERKARTE LK 1:50 000, 233T Solothurn.

INFOS *solothurn-city.ch; infowiti.ch; oeufi-boot.ch; bielersee.ch.*

TIERISCHES VERGNÜGEN

Bern *Vom Tierpark zum Bärenpark*

Natur

Kultur

Familie

Kondition

  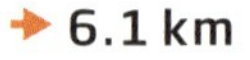  

45 m | 30 m | 6.1 km | 2 h | T1

Der Spaziergang an der Aare entlang, vom Tierpark Dählhölzli bis zum Bärenpark, ist ideal zum Kinderwagenwandern. Jedoch wird schon allein der Tierparkbesuch schnell einmal zum tagesfüllenden Programm. Das Dählhölzli liegt idyllisch zwischen Aare und Dählhölzliwald. Entlang der Uferlandschaft kann man Graureiher, Kormorane, Fischotter und Biber in natürlicher Umgebung beobachten. Die Kleinen kommen im Kinderzoo mit Zwergziegen, Eseln und Ponys auf ihre Kosten.
«Mehr Platz für weniger Tiere» ist das Leitbild des Tierparks. Kernstück der Waldanlage ist denn auch der Wisentwald, der auf dem 250 Meter langen Wisentsteg begangen werden kann. Dieser führt, ausgestattet mit Infotafeln, 3–4 Meter über dem Waldboden bis zu einer Aussichtsplattform. Fix installierte Fernrohre erleichtern das Erspähen der Wisente und Rothirsche. Rund die Hälfte des Dählhölzlis ist frei zugänglich oder einsehbar, so etwa die Gehege der Aare entlang, der Kinderzoo, das Luchsgehege und der Wisentwald. Wer das Vivarium und Tierarten wie Leoparden, Wölfe oder Seehunde besuchen möchte, begibt sich in den eintrittspflichtigen Bereich. Vom Dählhölzli spaziert man dann immer an der Aare entlang zum Bärenpark am unteren Ende der Berner Altstadt. Der asphaltierte Weg ist auch eine beliebte Jogging- und Velostrecke der Stadtberner. Seit 2009 leben die Berner Braunbären in der grosszügigen Anlage am Aarehang. Man kann die Tiere von der oberen Terrasse oder von der Aare her beobachten.
Bern ist aber nicht nur Bärenstadt, sondern auch Museumsstadt und UNESCO-Weltkulturerbe. Viele Museen liegen nicht weit voneinander entfernt und sind auch für Kinder spannend. Zeitglockenturm, Münster und Rathaus sind sehenswerte Zeugen alter Baukunst auf dem Weg durch die Altstadtgassen zum Hauptbahnhof.

Tipp | Das Dählhölzli ist mehr als nur ein Zoobesuch: Man kann die Fütterungen einiger Tierarten verfolgen, in der Kutsche fahren, Kinder können auf Ponies reiten, sich schminken lassen und sich auf dem Spielplatz austoben.

Auf Tuchfühlung im Tierpark Dählhölzli.

OBEN An der Aare entlang, hinten der Bärenpark. **UNTEN** Bär im Bärenpark.

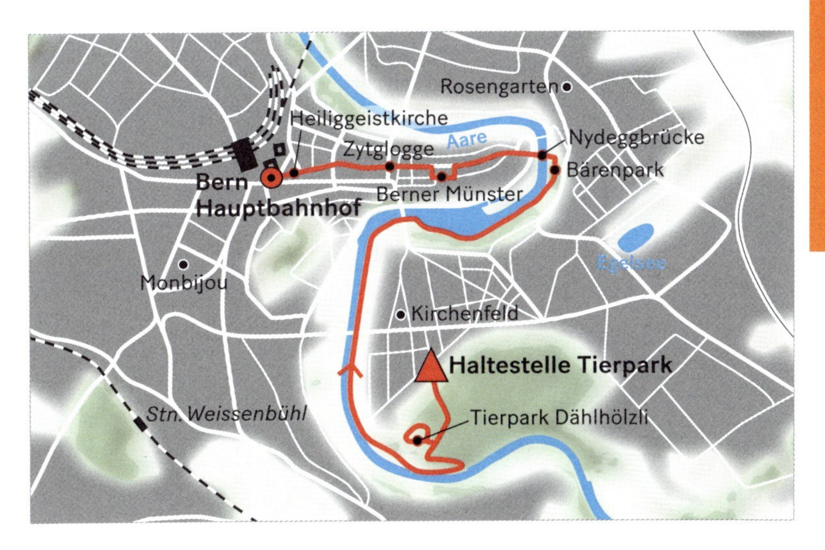

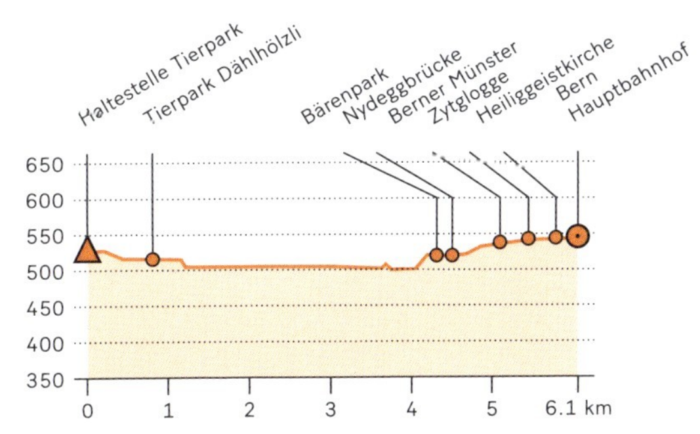

START Bern, Tierpark Dählhölzli.

ZIEL Bern Hauptbahnhof.

CHARAKTERISTIK Ideal auch für grössere Kinder, die bereits etwas weitere Strecken gehen können oder mit dem Laufrad unterwegs sind. Im Dählhölzli gibt es einen frei zugänglichen und einen eintrittspflichtigen Bereich. Der Bärenpark ist täglich rund um die Uhr kostenlos zugänglich. Wickeltische gibt's beim Restaurant Dählhölzli und im Restaurant «Altes Tramdepot». Für alle Kinderwagentypen geeignet.

ANREISE Mit dem Zug nach Bern. Vom Hauptbahnhof weiter mit Bus Richtung Elfenau bis Haltestelle Tierpark.

RÜCKREISE Mit dem Zug ab Bern.

ROUTE Vom Hauptbahnhof Bern mit dem Bus Richtung Elfenau bis Haltestelle Tierpark. Durch den Tierpark Dählhölzli (506 m), dann der Aare entlang bis zum Bärenpark (521 m) und durch die Altstadt.

AUSRÜSTUNG Turnschuhwanderung.

EINKEHREN Tierpark-Restaurant Dählhölzli, *daehlhoelzli.ch;* Restaurant «Altes Tramdepot» beim Bärenpark, *altestramdepot.ch*; Restaurants in Bern.

WANDERKARTEN LK 1:50 000, 243T Bern. Ein Stadtplan von Bern.

INFOS *bern.com; tierpark-bern.ch; tierparkverein.ch.*

VON SCHLOSS ZU SCHLOSS

Burgdorf Entlang der Emme zum Schloss Landshut

Natur | **Kultur** | **Familie** | **Kondition**

↑ 8 m | **↓ 67 m** | **→ 15.5 km** | **4 h** |  **T1**

Von Schloss zu Schloss könnte man diese Wanderung auch nennen. Von Burgdorf geht es immer am Fluss Emme entlang bis nach Utzenstorf, zum romantischen Wasserschloss Landshut. Die Wanderung ist einfach und eignet sich für alle, vom Genusswanderer bis hin zu Familien mit Kindern. Die Wanderung ist barrierefrei, man kann sie also auch mit dem Kinderwagen unternehmen. Von Bahnhof in Burgdorf spaziert man hinunter an die Emme und folgt dann immer dem Spazierweg am Fluss entlang bis nach Kirchberg. In Kirchberg-Alchenflüh befindet sich ein Bahnhof, man könnte also auch erst hier in die Wanderung einsteigen oder diese, bei Bedarf, auch hier beenden. Nun bleibt man weiterhin immer an der Emme, man kann dabei sogar wahlweise links oder rechts dem Fluss entlang spazieren bis nach Utzenstorf.
Schloss Landshut, Ziel dieser Wanderung, liegt auf einem Sandsteinfelsen im ehemaligen Überschwemmungsgebiet der Emme, umgeben von einem Wassergraben und inmitten eines prächtig angelegten Parks, der zu romantischen Spaziergängen einlädt. Zwei Brücken wie aus einem Ritterfilm führen über den Graben ins Schloss, in dem heute das Schweizer Museum für Wild und Jagd beheimatet ist. Und gleich neben dem Schloss befindet sich die Schweizer Wildstation, eine Auffangstation für einheimische Wildtiere. In den Gehegen sind Uhu, Turmfalke, Waldkauz und andere verletzte Tiere in Pflege. Die Wildstation hilft aber nicht nur Tieren in Not, sondern dient auch als Informationszentrum für alle Belange der Wildtierproblematik. Dazu ist u. a. ein Naturlehrpfad eingerichtet, der Besuchern das ganze Jahr über offensteht.

Tipp | Auf dem Naturlehrpfad bei der Wildstation erfährt man, wie die Wildstation arbeitet. Was bedeutet Wildtierrehabilitation und welche Tiere werden hier betreut? Buchbar sind Kindergeburtstage in der Wildstation: Bei Spiel und Spass erfahren das Geburtstagskind und seine Gäste Interessantes über Wildtiere.

Schloss Landshut bei Utzenstorf.

OBEN Naturlehrpfad in der Wildstation. **UNTEN** In der Wildstation Landshut.

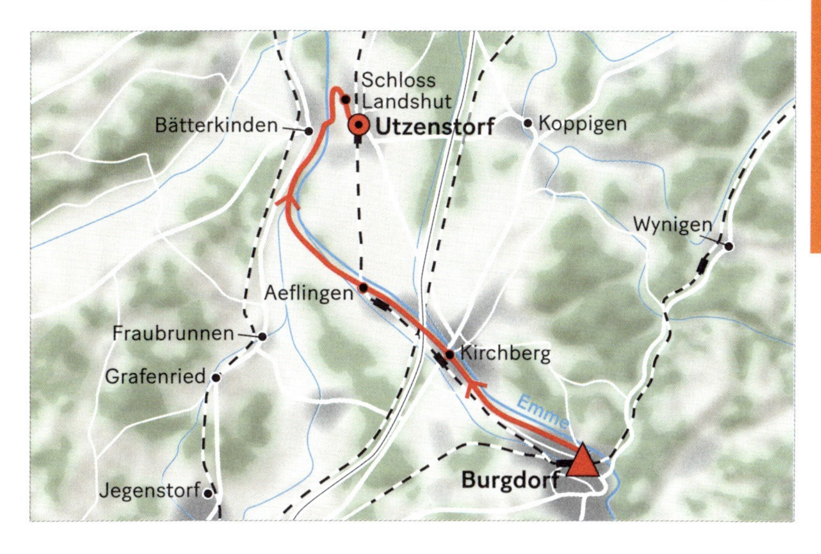

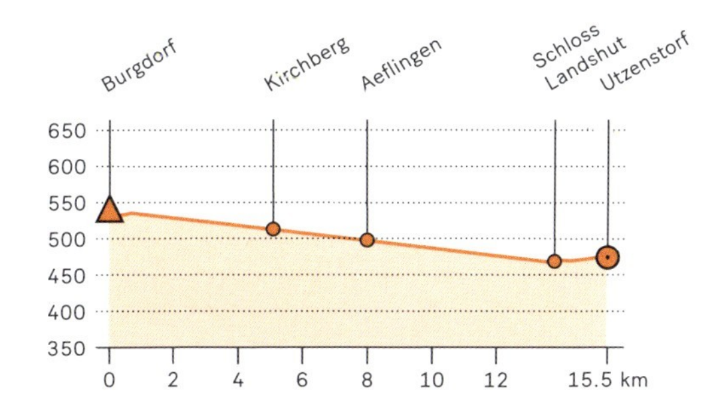

START Burgdorf.

ZIEL Utzenstorf.

CHARAKTERISTIK Einfache, barrierefreie Flussufer-Wanderung ohne Höhenunterschiede. Gelbe Wegweiser, bei Burgdorf auch grüne Wegweiser mit Routen-Nr. 446 Emme-Uferweg (barrierefrei). Der Besuch des Naturlehrpfades bei der Wildstation Landshut bei Utzenstorf ist gratis. Für alle Kinderwagentypen geeignet.

ANREISE Mit dem Zug nach Burgdorf.

RÜCKREISE Mit dem Zug ab Utzenstorf.

ROUTE Vom Bahnhof Burgdorf (533 m) individuell durch die Stadt und dann hinunter an die Emme. An dieser entlang bis nach Kirchberg (505 m). Nun weiter an der Emme entlang über Aefligen (497 m) zum Schloss Landshut und schliesslich zum Bahnhof Utzenstorf (476 m).

AUSRÜSTUNG Leichte Wanderausrüstung, Sonnenschutz. Im Sommer evtl. Badesachen und etwas zum Grillieren (schöne Grillstellen an der Emme).

EINKEHREN Restaurants in Burgdorf, Kirchberg, Utzenstorf und beim Schloss Landshut.

WANDERKARTE LK 1:50 000, 233T Solothurn.

INFOS *emmental.ch; schloss-landshut.ch; wildstation.ch.*

LÖCHER IM KÄSE ODER WAS?

Lueg *Zur Schaukäserei nach Affoltern*

Natur

Kultur

Familie

Kondition

↑ 55 m ↓ 114 m → 3.8 km 1 ¼ h ▶ T1

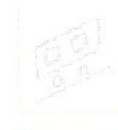

Der erste Höhepunkt dieser gemütlichen Kinderwagen-Wanderung ist auch gleichzeitig ihr höchster Punkt: Die Lueg ist ein prächtiger Aussichtspunkt. Vom dortigen Lueg-Denkmal geniesst man eine fantastische Aussicht über die Emmentaler Hügellandschaft bis weit zu den schneebedeckten Berner Alpen. Das Denkmal wurde, laut Inschrift, 1921 zu Ehren der während der Grenzbesetzung 1914–18 verstorbenen Bernischen Kavalleristen errichtet. Von diesem folgt man nun einfach dem gelben Wegweiser über Junkholz und Schnabel nach Affoltern. Man muss jedoch nicht zwingend zum Denkmal aufsteigen: Vom Parkplatz auf der Lueg kann man auch den Wiesenweg wählen, der unterhalb des Denkmals durchführt, dann ist die Wanderung 5 bis 10 Minuten kürzer. Es geht über Wald-, Wiesen- und Asphaltwege. Man staunt über die Emmentaler Bauernhäuser, die Kinder haben Freude an Katzen, Hühnern und Pferden, und in so manchem Hofladen kann man Produkte direkt ab Hof kaufen.

Die Emmentaler Schaukäserei ist eines der beliebtesten Ausflugsziele im Emmental. Sie gibt einen Einblick in die Herstellung des Emmentaler AOP, sowohl in die moderne als auch in die traditionelle Art. Auf dem Gelände stehen vier Käsereigebäude aus verschiedenen Zeitepochen: der Küherstock (1741), die Chäshütte (1900), die alte Dorfkäserei (1954) und die Schaukäserei (1989). In der Schaukäserei erfolgt die Milchverarbeitung in modernen Produktionsanlagen, im Küherstock wird «Stöcklikäse» handwerklich nach alter Methode hergestellt, und in der Chäshütte und in der Dorfkäserei sieht man noch die alten Käserei-Einrichtungen.

Auf geführten Rundgängen erfährt man, wie die Löcher in den Käse kommen. Es gibt ein Käsefachgeschäft zum Einkaufen, eine Bäckerei, einen Streichelzoo mit Zwergziegen, einen Spielplatz im Käse-Look und vieles mehr.

Tipp | In der Schaukäserei finden rund ums Jahr verschiedene, thematische Veranstaltungen statt. Und im traditionellen Bauerngarten sind von Frühling bis Herbst über 50 verschiedene Blumen, Kräuter, Stauden und Gemüsesorten zu entdecken.

Emmentaler Bauernhäuser bei Junkholz auf dem Weg zur Schaukäserei in Affoltern.

OBEN Tierische Begegnung. **UNTEN** Spielplatz bei der Schaukäserei in Affoltern.

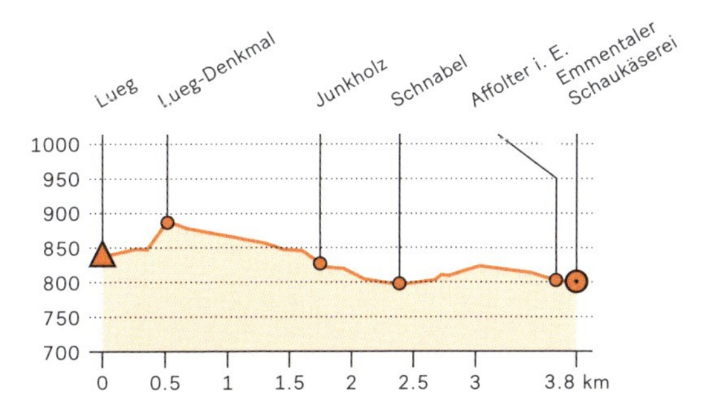

START Lueg.

ZIEL Affoltern im Emmental.

CHARAKTERISTIK Mittelschwere Route auf markierten Wanderwegen. Vorsicht bei Nässe, dann können die Wiesenborde rutschig sein. Bei der Schaukäserei in Affoltern i. E. gibt es einen gut ausgerüsteten Wickeltisch und einen Spielplatz. Geeignet für alle Kinderwagentypen. Geländewagen mit grossen luftgepumpten Reifen sind aber im Vorteil und bequemer über das Terrain zu schieben. Das Gelände der Emmentaler Schaukäserei ist kinderwagen- und rollstuhlgängig.

ANREISE Mit dem Zug bis Burgdorf, weiter mit dem Bus bis Lueg.

RÜCKREISE Ab Affoltern i. E. mit dem Bus nach Hasle-Rüegsau, dort Bahnanschluss.

ROUTE Von Lueg (838 m) kurz der Strasse entlang und steil zum Lueg-Denkmal (888 m), weiter auf Wanderweg über Junkholz (826 m) und Schnabel (800 m) zur Schaukäserei (800 m).

AUSRÜSTUNG Normale Wanderausrüstung, Wanderschuhe, Sonnenschutz.

EINKEHREN Landgasthof Lueg, *lueg.ch;* Restaurant in der Schaukäserei, *emmentaler-schaukaeserei.ch.*

WANDERKARTEN LK 1:50 000, 233T Solothurn, 234T Willisau.

INFOS *emmental.ch; bls.ch.*

WASSERSCHLOSS UND UFERWEG

Hallwil Am See entlang nach Mosen

Natur

Kultur

Familie

Kondition

22 m | 24 m |  | 3 h | 

Familien mit Kinderwagen finden am unverbauten Hallwilerseeufer ein herrliches Naherholungsgebiet, das sich auch für Nichtaargauer zu entdecken lohnt. Der 8,4 Kilometer lange und bis 47 Meter tiefe Hallwilersee gilt als eine der Visitenkarten des Kantons Aargau. Wanderer und Ausflügler finden hier zu jeder Jahreszeit schöne Ziele. Aber natürlich ist die wärmere Jahreszeit beim Publikum beliebter, weil dann eine Schiffsfahrt oder ein Bad in einem der Strandbäder schöne Zusatzerlebnisse garantieren.
Doch der See ist noch nicht alles, denn es locken weitere Höhepunkte. Wie das Schloss Hallwyl – ein überaus charmantes Wasserschloss, eines der bedeutendsten der Schweiz, mit Parkanlagen aus dem 13. Jahrhundert, einem stimmungsvollen Schlosshof, einem Schlosscafé. Und «Hallwyl» ist auch Teil des «Museum Aargau». Gezeigt werden in elf Themenbereichen die Geschichte der Herren von Hallwyl sowie die Lebensweise der Schlossherren und der lokalen Bevölkerung in vergangenen Jahrhunderten. Schon etwas weiter voran, bei Seengen, muss man sich bücken, um ins Innere eines rekonstruierten Pfahlbaus zu gelangen, einer Holzkonstruktion. Bereits während der Mittel-, Jungstein- und Bronzezeit lebten hier Menschen in Seeufersiedlungen.
Wer dem Seeufer entlang von Nord nach Süd wandert, hat immer die imposante Zentralschweizer Voralpenkette vor Augen. Besonders schön ist das im Frühling, wenn die schneeweissen Gipfel mit den Wiesen und dem leuchtenden Gold der Rapsfelder kontrastieren. Es ist eine liebliche, von eiszeitlichen Gletschern geformte Moränenlandschaft, durch die zu wandern Spass macht. Und wer genug gelaufen ist – taucht ab in den See, legt die Wurst auf den Grill, geht über zum Eisschlecken auf einer der einladenden Restaurantterrassen oder tuckert an Deck eines der Schiffe gemütlich über den See.

Tipp | Der gesamte Hallwilersee lässt sich auf einer etwa 5-stündigen Rundtour erwandern. Etliche Schiffsanlegestellen ermöglichen es, die Wanderung abzukürzen, *schifffahrt-hallwilersee.ch.*

Kinderwagengängiger Wanderweg am Hallwilersee.

OBEN Schifffahrt auf dem Hallwilersee. **UNTEN** Wasserschloss Hallwyl.

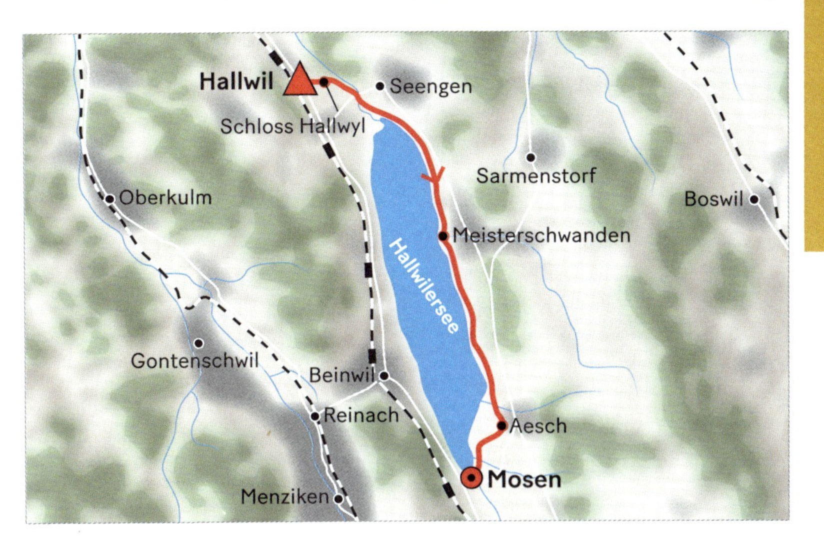

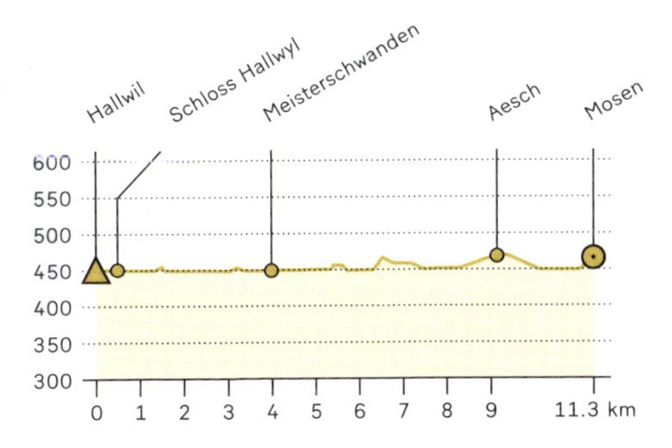

START Hallwil.

ZIEL Mosen.

CHARAKTERISTIK Entspannender Spaziergang durch traumhafte, unverbaute Uferlandschaften mit Schiffsanbindung. Für alle Kinderwagentypen geeignet.

ANREISE Mit dem Zug nach Hallwil oder Boniswil-Seengen (und evtl. Postauto nach Schloss Hallwyl).

RÜCKREISE Ab Mosen mit dem Schiff oder mit dem Zug.

ROUTE Hallwil Bahnhof – Schloss Hallwyl – Meisterschwanden – Aesch – Mosen.

AUSRÜSTUNG Normale Wanderausrüstung, im Sommer Badesachen.

EINKEHREN Restaurants Delphin und Seerose bei Meisterschwanden. Viele Grilliermöglichkeiten am Weg.

WANDERKARTE LK 1:50 000, 225T Zürich.

INFOS *seetaltourismus.ch; aargautourismus.ch; ag.ch.*

IM VOGELRESERVAT

Rottenschwil *Rund um den Flachsee*

Natur | Kultur | Familie |  Kondition

14 m | 14 m | 8.4 km | 2 ¼ h | T1

Dieser beliebte Seespaziergang kann an schönen Tagen schon mal zum Volksauflauf «ausarten». Zurecht, denn unter Vogelfreunden ist der von Menschenhand geschaffene Reuss-Abschnitt für seine Vogelvielfalt bekannt.
1975 entstand dank dem Bau eines Reuss-Wasserkraftwerkes bei Zufikon ein gut fünf Kilometer langer Stausee. In seinem nördlichen Abschnitt präsentiert sich dieser weiterhin als Fluss, in seinem südlichen jedoch als gut anderthalb Kilometer langer See: dem sogenannten Flachsee, der von der Reussbrücke bei Rottenschwil bis zum Weiler Geisshof reicht. Dadurch konnte hier ein grosses Brutgebiet für mehr als 50 auch gefährdete Vogelarten entstehen, ausserdem ein wichtiges Durchzugsgebiet für gegen 200 Vogelarten; was eine sehr grosse Zahl ist im Vergleich mit den 361 Vogelarten, die in der Schweiz seit 1900 festgestellt worden sind. Der Wasserreichtum und die naturnahen Ufer mit Röhricht, angrenzenden Riedwiesen und Auenwäldern machen den Flachsee zu einem Wasservogelreservat von Bedeutung.
Die Vogelvielfalt lässt sich am besten vom sogenannte «Hide» aus studieren, einer Beobachtungsstation am Ostufer des Sees. Je nach Jahreszeit zeigen sich immer wieder andere Arten, vor allem auch im Winter, wie Graugänse, Silberreiher, Weissstörche, Kormorane, Eisvögel, Kibitze und diverse Entenarten wie Löffel-, Pfeif- und Schnatterenten. Tafel- und Reiherenten sowie das Blässhuhn überwintern zu Hunderten auf dem nur bis acht Meter tiefen See. Um gefährdete Arten wie den Flussregenpfeifer speziell zu fördern, wurden vegetationsfreie Kiesinseln geschaffen, die jährlich gejätet werden müssen, damit sie nicht dicht von Pflanzen überwachsen werden. Dasselbe gilt auch für die Schlickflächen, die sonst verbuschen und ihre Attraktivität für Vögel verlieren würden.

Tipp | Auf die Wanderung rund um den Flachsee sollte man unbedingt ein Fernglas zum Vögel Beobachten mitnehmen! Es lohnt sich auch ein Abstecher ins nahe Städtchen Bremgarten mit seiner schönen Altstadt.

Am idyllischen Flachsee.

OBEN Mmhh, lecker! **UNTEN** Vogelbeobachtungsstation am Flachsee.

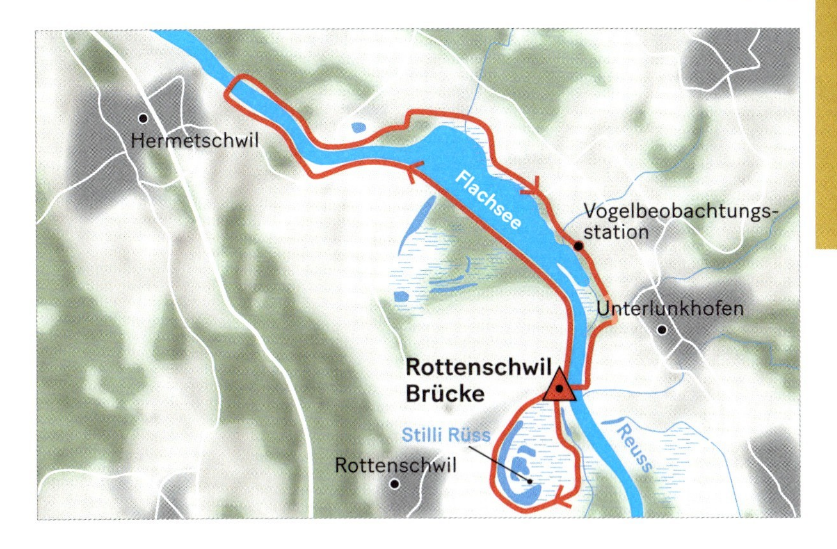

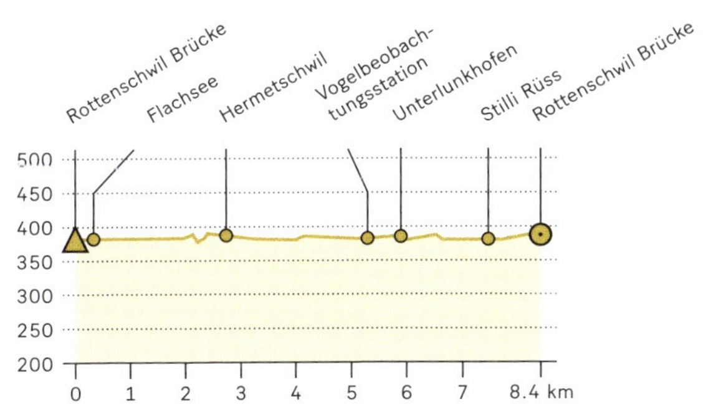

START/ZIEL Rottenschwil.

CHARAKTERISTIK Rundwanderung ohne Höhendifferenzen mit Vogelbeobachtung. Auch mit dem Fahrrad möglich, allerdings ist der linke Reussuferweg für Velofahrer gesperrt. Zugänge auch ab Unterlunkhofen und Hermetschwil. Für alle Kinderwagentypen geeignet.

AN-/RÜCKREISE Rottenschwil (Haltestelle Brücke) ist z. B. mit S-Bahn von Aarau oder Lenzburg nach Muri sowie Niederflurbus erreichbar.

ROUTE Rottenschwil Brücke – linksufrig bis zur Brücke bei Hermetschwil (Dominilochsteg, aus dem 19. Jh., geschützt) – über die Reuss und deren Ostufer entlang zurück, dabei passiert man die Vogelbeobachtungsstation – Schlaufe der stillen Reuss anhängen.

AUSRÜSTUNG Normale Wanderausrüstung, Sonnenschutz, evtl. Fernglas.

EINKEHREN Restaurant Reussbrücke, Werd-Rottenschwil, *ewigeliechtli.ch*.

WANDERKARTE LK 1:50 000, 225T Zürich.

INFOS *aargautourismus.ch; unterlunkhofen.ch.*

WASSERSCHLOSS DER SCHWEIZ

Baden *Jura-Höhenweg zum Gebenstorfer Horn*

Natur

Kultur

Familie

Kondition

↑ 184 m **↓ 230 m** **→ 8.9 km** **2 ½ h** 

Schöne Aussichtspunkte prägen diese Wanderung von Baden nach Gebenstorf. Verbindendes Element ist das Wasser. Zwischen Baden und Brugg, oberhalb von Gebenstorf, befindet sich das Gebenstorfer Horn, ein Aussichtspunkt mit bester Sicht auf das «Wasserschloss der Schweiz», dem Zusammenfluss von Aare, Reuss und Limmat.

Ab Baden Bahnhof Ost nehmen wir die Unterführung auf der hinteren Seite des Bahnhofs und gehen der Strasse entlang hinauf zur Ruine Stein. Hübsch sind die Ausblicke über die Altstadtdächer von Baden und hinüber zur Lägern, allerdings stört der motorisierte Verkehr etwas die Idylle. Immer wieder fährt ein Bus der Linie 5 an uns vorbei. Wer die Wanderung abkürzen möchte, kann den Bus bis Endstation Baldegg nehmen.

Einmal auf der Baldegger Höhe angelangt, erreichen wir schon bald das beliebte Ausflugsrestaurant Baldegg. Es verlockt eine Einkehr im Restaurant, und die Kinder können sich gleich neben der gemütlichen Gastwirtschaft auf dem Abenteuerspielplatz «Märliwald» vergnügen: Die Hexe Baba Jaga führt Kinder durch die vielen fantasievollen Figuren und die Klettergeräte, Rutschen und Schaukeln. Nach dem Mittagessen geht die Wanderung über den Jurahöhenweg weiter bis zum Gebenstorfer Horn. Wald und Wiesen mit Hecken prägen das Landschaftsbild.

Beim Gebenstorfer Horn geniessen wir die Aussicht und eine Zwischenmahlzeit. Mitten im Wald befindet sich eine prächtige Brätelstelle. Schattenreich und gut ausgestattet, lässt es sich dort wunderbar verweilen. Schliesslich biegen wir in die Waldstrasse ein, die hinunter nach Gebenstorf führt. Diverse Bushaltestellen bieten die Möglichkeit, mit dem Bus zurück zum Ausgangspunkt Baden oder nach Brugg zu fahren.

Tipp | In Baden befindet sich am Ländliweg in einer alten Villa das Schweizer Kindermuseum. Hier wird in zwanzig Räumen, liebevoll «Wunderkammern» genannt, Kinderkultur gezeigt. Der Weg von Etage zu Etage ist kein sturer Rundgang; Spiel- und Experimentierstationen laden zum Ausprobieren ein, *kindermuseum.ch.*

Blick vom Gebenstorfer Horn auf das «Wasserschloss der Schweiz».

OBEN In der Altstadt von Baden. **UNTEN** Kinderwagengängig auf dem Jura-Höhenweg.

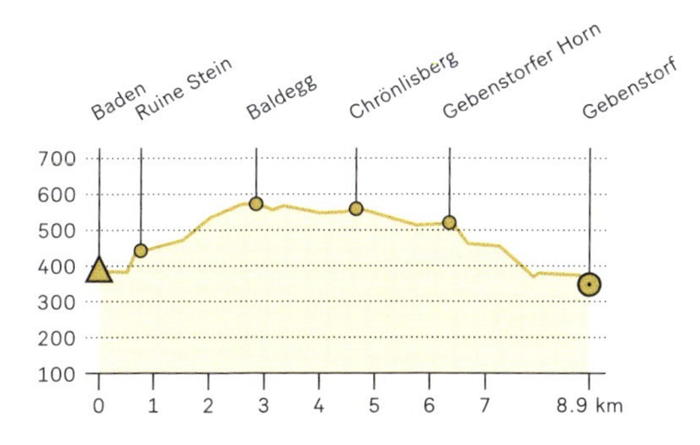

START Baden.

ZIEL Gebenstorf.

CHARAKTERISTIK Die Wanderung ist zunächst von urbanem Charakter und führt zum Teil durch Wohnquartiere. Dann geht es durch den Wald und entlang von Wiesen. Rund um das Gebenstorfer Horn ist mit Kinderwagen etwas Vorsicht geboten. Für alle Kinderwagentypen (auch Zwillingswagen) geeignet. Buggys mit kleinen Rädern sind aber eher unpraktisch, da die Wege oft gesplittet sind.

ANREISE Mit dem Zug nach Baden.

RÜCKREISE Mit dem Bus von Gebenstorf oder Turgi nach Baden oder Brugg, dort Bahnanschluss.

ROUTE Von Baden (383 m) hinauf zur Ruine Stein (448 m) und nach Baldegg (568 m). Weiter auf dem Jura-Höhenweg zum Gebenstorfer Horn (514 m). Es folgt ein mittelsteiler Abstieg durch den Wald nach Gebenstorf (376 m). Achtung! Der kleine Pfad, der direkt vom Gebenstorfer Horn ins Dorf hinunter führt, ist nicht kinderwagentauglich!

AUSRÜSTUNG Gute Wanderschuhe.

EINKEHREN Restaurants in Baden und in Gebenstorf; Restaurant Baldegg (mit Wickeltisch), *baldegg.ch.*

WANDERKARTE LK 1:50 000, 215T Baden.

INFOS *aargautourismus.ch; baden.ch.*

KIRSCHEN NASCHEN

Gipf-Oberfrick Auf dem Fricktaler Chriesiwäg

Natur

Kultur

Familie

Kondition

144 m | 144 m | 6 km | 2 h | T1

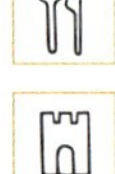

Der Fricktaler Chriesiwäg führt durch die kirschbaumreiche Landschaft bei Gipf-Oberfrick und vermittelt mit Thementafeln Wissenswertes zum Kirschenanbau. Möglich sind eine kurze und eine längere Runde. Der Chriesiwäg ist zu jeder Jahreszeit eine Wanderung wert. Besonders beliebt ist sie im Frühjahr, wenn die Kirschbäume blühen. Aber auch im Sommer, wenn die Kirschen reif sind, machen sich nicht wenige Wanderer auf die gemütliche Runde. Denn während der Saison darf direkt von speziell markierten Bäumen genascht werden. Auf elf Informationstafeln am Weg erfährt man mittels Texten und Bildern viel Wissenswertes über den Kirschenanbau. Da geht es zum Beispiel um Bienen, Streuobstwiesen, Veredelung und Jungbäume.

Der Kirschenlehrpfad wurde 2006/2007 vom Verband Aargauer Obstproduzenten in Zusammenarbeit mit dem Jurapark Aargau, der Gemeinde Gipf-Oberfrick und diversen Sponsoren eingerichtet. «Er führt durch einen traditionellen, naturnah bewirtschafteten Hochstammbestand, der zahlreichen Tieren einen Lebensraum bietet. Typische Bewohner sind beispielsweise der seltene Gartenrotschwanz und die Zauneidechse», wie auf der Homepage von Aargau Tourismus nachzulesen ist.

Hat man im Verlauf der kurzen Runde den Rastplatz Farschberg erreicht, geht es wieder hinunter nach Gipf-Oberfrick. Wer möchte, kann noch die Zusatzrunde anhängen. Hierzu folgt man dem Wegweiser «Fricktaler Chriesiwäg Zusatzroute» und gelangt zur Ruine Alt-Tierstein. Es lohnt sich, auf den höchsten Punkt der Ruine hinaufzusteigen. Von dort oben bietet sich ein herrlicher Blick über das Fricktal. Im weiteren Verlauf bummelt man dann gemütlich am Waldrand entlang und vorbei an den letzten Stationen des Lehrpfades hinunter nach Gipf-Oberfrick.

Tipp | Auf halber Wegstrecke (bei der Abzweigung zur Zusatzrunde) befindet sich beim Rastplatz Farschberg eine schöne Grillstelle mit wunderbarem Blick über das Fricktal.

Die Kirschen sind reif. Von speziell bezeichneten Bäumen kann genascht werden.

OBEN Müde mit Teddybär. **UNTEN** Auf dem Fricktaler Chriesiwäg.

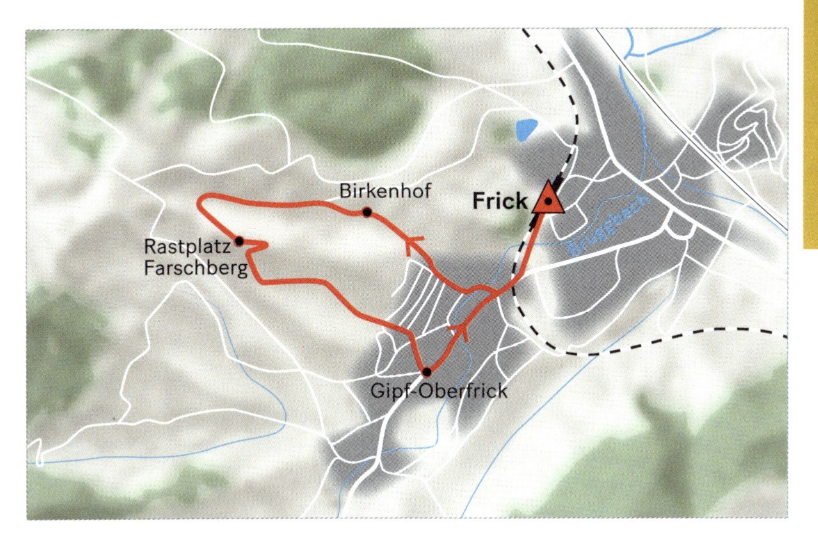

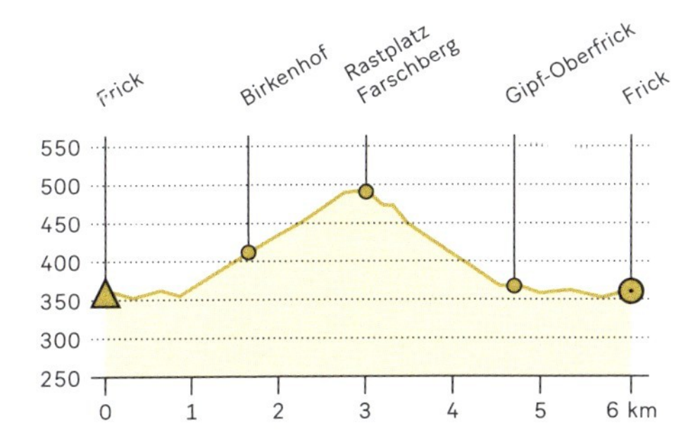

START/ZIEL Frick bzw. Gipf-Oberfrick. Wer mit dem Zug anreist beginnt mit der Wanderung am Bahnhof. Wer mit dem Auto anreist, beginnt beim Gemeindehaus Gipf-Oberfrick. Parkplätze stehen beim Gemeindehaus und beim Volg zur Verfügung.

CHARAKTERISTIK Einfache Rundwanderung auf meist asphaltierten Wegen. Grüne und braune Wegweiser «Fricktaler Chriesiwäg» mit Symbol «Kirschenfamilie». Die kurze Runde ist für alle Kinderwagentypen geeignet, für die lange Runde empfiehlt sich ein etwas geländetaugliches Modell (Naturwege und Waldwege).

AN-/RÜCKREISE Mit dem Zug nach Frick oder mit Auto bis Gipf-Oberfrick.

ROUTE Frick bzw. Gipf-Oberfrick (363 m) – Birkenhof – Rastplatz Farschberg (Grillstelle) – Frick bzw. Gipf-Oberfrick.

AUSRÜSTUNG Leichte Wanderausrüstung, Sonnenschutz, etwas zum Grillieren.

EINKEHREN Restaurants in Gipf-Oberfrick.

WANDERKARTE LK 1:50 000, 214T Liestal.

INFOS *jurapark-aargau.ch; aargautourismus.ch.*

AUF DEM WIESENWEG

Basel *Vom Tierpark Lange Erlen nach Riehen*

Natur

Kultur

Familie

Kondition

28 m  **4 m** **4.6 km** **1 ¼ h**  **T1**

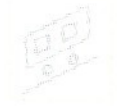

Der Tierpark Lange Erlen und das Flüsschen Wiese sind die Höhepunkte dieses abwechslungsreichen Spazierganges vom Badischen Bahnhof Basel ins Grenzstädtchen Riehen mit seinem schönen Dorfkern. Die Wanderung gehört zu den von SchweizMobil speziell gekennzeichneten «Hindernisfreien Wegen» und ist daher auch wunderbar mit dem Kinderwagen machbar.
Lange Erlen ist die grüne Lunge der Stadt Basel. Sie erstreckt sich vom Basler Stadtrand bis nach Riehen. Der gleichnamige Tierpark wurde bereits 1871 gegründet. Der Schwerpunkt der Tierhaltung liegt auf einheimischen Tieren. In den Wasserläufen und Weihern tummeln sich Enten, Gänse und Schwäne, und auch Störche und Graureiher leben frei im Park und brüten. Man kann Luchse, Füchse, Wisente und viele weitere Tiere beobachten. Im Tierpark finden auch regelmässig Veranstaltungen und Ausstellungen statt.

Am Tierpark Lange Erlen vorbei fliesst ein lauschiger Wasserlauf. Die Wiese entspringt am Feldberg, schlängelt sich durch das Wiesental und mündet schliesslich in Kleinbasel in den Rhein. Wiesen gibt es übrigens auch, rechts und links der Wiese, und schöne Wege natürlich auch. Schnurgerade ziehen sich diese dahin. Trotzdem wird es nicht langweilig – das Plätschern des Wassers, das Zwitschern der Vögel und keinerlei Autolärm. Der Spaziergang ist für jedermann geeignet, idyllische Orte für ein Picknick finden sich zuhauf. Im Anschluss an die kurze Tour kann man noch durch Riehen bummeln oder mit den Kindern das Spielzeugmuseum in Riehen besuchen.

Tipp | Im Tierpark Lange Erlen kann man mit Kindern leicht einen unbeschwerten Tag verbringen. Neben den vielen Tieren, die es zu bestaunen gibt, befinden sich im Park u. a. auch ein Spielplatz, ein Ausstellungshaus, ein Bauerngarten u. v. m. Der Tierpark ist täglich geöffnet, der Eintritt ist frei.

Am Fluss Wiese.

OBEN Im Tierpark Lange Erlen. **UNTEN** Mit dem Zug nach Basel.

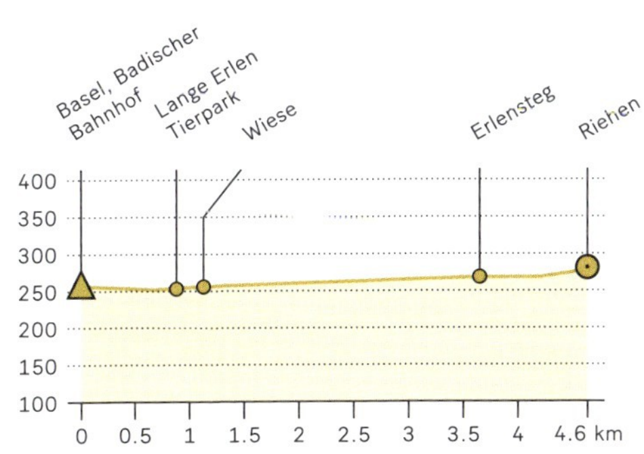

START Basel, Badischer Bahnhof.

ZIEL Riehen.

CHARAKTERISTIK Einfache Wanderung auf markierten Wegen. Gelbe Wegweiser; zusätzlich Wegweiser mit grünem Quadrat und der Routennummer 482 «Wiesenweg» (barrierefrei). Für alle Kinderwagentypen geeignet.

ANREISE Mit dem Zug nach Basel SBB, weiter mit Stadtbus bis Badischer Bahnhof.

RÜCKREISE Ab Riehen mit Bus oder Tram nach Basel.

ROUTE Vom Badischen Bahnhof auf Quartierstrasse bis Lange Erlen, durch den Tierpark und dann immer dem Fluss Wiese entlang auf der Wiesendamm-Promenade bis Erlensteg, hier rechts abbiegen und hinein nach Riehen.

AUSRÜSTUNG Turnschuhwanderung.

EINKEHREN Parkrestaurant Lange Erlen, *langeerlen.ch*; Kiosk im Tierpark Lange Erlen; Restaurants in Riehen und Basel. Am Fluss Wiese viele Picknickmöglichkeiten.

WANDERKARTE LK 1:50 000, 213T Basel.

INFOS *basel.com; erlen-verein.ch.*

NOTIZEN

Ausgewählte Kinderbücher für Sie

Ab in die Berge mit Dr. Brumm! Turbulentes Bilderbuchabenteuer für Kinder ab 4 Jahren. Dr. Brumm macht das, was er jeden Mittwoch macht – Wandern gehen! Mit seinen Freunden Pottwal und Dachs marschiert er los. Als erfahrener Wanderführer hat er nämlich an alles gedacht. Oder etwa nicht?

Gian und Giachen stapfen durch die weiße Bergwelt. Doch da ist noch einer: der Schneehase Vincenz. Die beiden Steinböcke erschrecken ganz fürchterlich. Das können sie nicht auf sich sitzen lassen. Sie beschließen, es Vincenz heimzuzahlen und ihn ebenfalls in Angst und Schrecken zu versetzen.

Gian und Giachen machen sich auf den Weg zum Sternschnuppenberg. Der Berg wurde noch nie bestiegen, und der Aufstieg ist kompliziert. Aber mit Hilfe all ihrer Freunde aus der Bündner Bergwelt schaffen es die schlauen Steinböcke.

DAS MUSS MIT

Gut ausgerüstet zu sein, ist auch beim Kinderwagenwandern das A und O. Nachfolgend eine Checkliste die individuell angepasst werden kann.

- Kinderwagen mit Fusssack, Decke, Kuscheltier; evtl. Tragetuch.
- Rucksack für die Eltern und die grösseren Kinder.
- Wanderschuhe mit Profilsohle für die Eltern und die grösseren Kinder.
- Bequeme Kleidung, Funktionswäsche (T-Shirt, Unterwäsche), Fleece-/Isolationsjacke, Softshell, Wandersocken, Halstuch, je nach Wetter auch Mütze und Handschuhe.
- Sonnenschutz: Sonnencreme, Sonnenhut, Sonnenbrille, Lippenstift, Sonnenschirm für den Kinderwagen.
- Mückennetz für den Kinderwagen.
- Regenschutz: Regenjacken, Regenumhang für den Kinderwagen, Regenhosen für die grösseren Kinder, evtl. Regenschirm.
- Wickelutensilien: Windeln, Feuchttücher, Windeltuch, Wickelunterlage, Taschentücher.
- Picknick-Decke.
- Ersatzkleidung.
- Tagesproviant und Getränke für alle.
- Thermosflasche für warme Getränke, evtl. Gläschen, Löffel und Lätzchen.
- Taschenmesser, evtl. Feuerzeug/Streichhölzer fürs Grillieren.
- Müllbeutel für Abfälle und schmutzige Windeln.
- Notfallapotheke: Pflaster, Verbandszeug, Medikamente, Mittel gegen Insektenstiche.
- Geld, Ausweise, GA/Halbtax-Abo, ID oder Pass, Handy.
- Fotoapparat und Speicherkarten
- Wanderkarten und/oder Wanderbuch.

Viel Spass beim Wandern!